Don Piper/Cecil Murphey
90 Minuten im Himmel

Über die Autoren

Don Piper ist Pastor, aber auch als Redner, Kolumnist und Autor aktiv. Er lebt mit seiner Frau in Pasadena, Texas. Die beiden haben drei erwachsene Kinder.

Cecil Murphey ist Autor. Mit seinem Schreibtalent unterstützt er auch seit vielen Jahren bekannte Persönlichkeiten bei der Erstellung ihrer Autobiographien. Er ist verheiratet und hat drei erwachsene Kinder.

Don Piper
Cecil Murphey

90 Minuten im Himmel

Erfahrungen zwischen Leben und Tod

Aus dem Englischen
von Jens Uhder

GerthMedien

MIX
Papier aus verantwortungsvollen Quellen
FSC® C014496
FSC
www.fsc.org

Verlagsgruppe Random House FSC® N001967
Das für dieses Buch verwendete FSC®-zertifizierte Papier
EOS liefert Salzer Papier, St. Pölten, Austria.

Die amerikanische Originalausgabe erschien im Verlag
Fleming H. Revell, a division of Baker Publishing Group,
P.O. Box 6287, Grand Rapids, MI 49516-6287
unter dem Titel „90 Minutes in Heaven".

1. Auflage der Jubiläumsausgabe 2014
Bestell-Nr. 816952
ISBN 978-3-86591-952-6

Umschlaggestaltung: Hanni Plato
Umschlagfoto: Getty images/ollo
Satz: Uhl + Massopust, Aalen
Druck und Verarbeitung: GGP Media GmbH, Pößneck
Printed in Germany

Allen, die im Gebet um mich gerungen haben.
Nur weil ihr gebetet habt, bin ich noch hier!

Inhalt

Dank

Ich habe dieses Buch zu meiner Verteidigung geschrieben. In all den kurzen Auftritten und Begegnungen, die ich seit 1989 immer wieder hatte, ergab sich nur selten die Gelegenheit, meinen Zuhörern wirklich befriedigend Auskunft zu geben. In Radio und Fernsehen, in Zeitschriften und bei zahllosen Einladungen als Gastredner und bei anderen Gelegenheiten habe ich im Allgemeinen mehr Fragen aufgeworfen, als ich zu beantworten vermochte. Wo auch immer ich war, wollten die Leute am Ende noch mehr hören, nie konnte ich wirklich allen gerecht werden. Um diesen Bedürfnissen Rechnung zu tragen, habe ich nun schon drei Anläufe gemacht, meine Erlebnisse niederzuschreiben, doch keiner davon hat mich wirklich überzeugt. Schließlich ist es mir gelungen, einen der angesehensten Autoren im Lande zu gewinnen, um mir dabei zu helfen, ein Buch zu schreiben, das auf die drängendsten Fragen im Hinblick auf meinen Tod und mein Weiterleben Antwort geben kann. Cecil Murphey, der bereits eine ganze Reihe von erfolgreichen Biografien über so bedeutende Persönlichkeiten wie Franklin Graham und Dr. Ben Carson geschrieben hat, half mir, den richtigen Blickwinkel zu finden, um dieses Buch zu verfassen, das Sie nun in Händen halten.

Cec ist mir ein treuer Freund, Vertrauter und Mentor geworden. Seine Begeisterung für dieses Projekt ist quasi auf jeder Seite mit Händen zu greifen. Danke, Cec! Ich bin froh, dass ich dir begegnet bin. Vielen Dank auch Deidre Knight von der *Knight Agency*, die an dieses Projekt geglaubt hat. Dann ist da noch Dr. Vicki Crumpton von der *Baker Publishing Group*, die ich sehr schätzen gelernt habe. Ich bin sehr dankbar, dass sie sich mit so großem Engagement dafür eingesetzt hat, meine Geschichte in Buchform zu veröffentlichen.

Weiterhin möchte ich den Mitarbeitern der Unfallchirurgie des *Memorial Hermann Medical Centers* sowie des *St. Luke's Episcopal Hospitals* in *Houston* für ihr medizinisches Können danken. Vielen Dank insbesondere an Dr. Thomas Greider, der mich seit jener schicksalhaften Nacht am 18. Januar 1989 als orthopädischer Chirurg behandelt hat.

Danke an Anita Onerecker und ihren Ehemann Dick dafür, dass ihr Gott die Möglichkeit gegeben habt, euch auf so dramatische Weise zu gebrauchen. Danke auch allen Menschen, die mit einer solchen Hingabe für mich gebetet haben. Gott allein weiß wirklich, was Sie geopfert und wie viel Freundlichkeit Sie mir immer wieder gezeigt haben. Vor allem aber danke ich meinen langjährigen Freunden Cliff McArdle und David Gentiles. Ihr seid wirkliche Geschenke Gottes an mich. Ob bei Tag oder bei Nacht, ob es euch gerade genehm war oder nicht, ob ihr selbst Überfluss oder Mangel hattet, ihr wart immer treu an meiner Seite. Vielen Dank euch allen, dass ihr mir immer wieder Mut gemacht habt, bis dieses Buch schließlich zustande gekommen ist.

Schließlich möchte ich auch noch den Eltern meiner Frau, Eldon und Ethel Pentecost, und meinen eigenen Eltern, Ralph und Billie Piper, für ihre unschätzbaren Opfer und ihre treu sorgende Unterstützung herzlich danken. Und meinen drei Kindern Nicole, Chris und Joe möchte ich sagen: Gott hat mir Kinder gegeben, die alles übertreffen. Ich bin wirklich unwahrscheinlich gesegnet. Wie kann ich euch je deutlich machen, was ihr mir bedeutet, und dies noch mehr seit jenem schicksalhaften Mittwoch vor langer Zeit? Und meiner Frau Eva, mit der ich nun schon seit dreißig Jahren verheiratet bin, möchte ich sagen: Niemand sollte jemals die Dinge tun müssen, die du für mich getan hast. Und doch hast du sie getan, treu, liebevoll und ohne auch nur einen Moment lang zu zögern. In meiner ganzen Familie gibt es niemanden außer ihr, der auch nur ansatzweise ermessen könnte, wie schmerzvoll jeder Tag auf dem hier beschriebenen Weg für mich war, denn sie ist immer an meiner Seite gewesen. Eva, du bist ein Geschenk Gottes an mich.

Herr, du weißt, dass ich nicht immer verstanden habe, warum dies alles so gekommen ist, aber dass ich trotzdem nie aufgehört habe, dir zu vertrauen. Abba, Vater, ich bete, dass dieser bescheidene Versuch, meine Geschichte zu erzählen, vielen Menschen zum Segen wird.

Don Piper
Februar 2004

Prolog

Ich starb am 18. Januar 1989.
Bereits nach wenigen Minuten trafen die Rettungssanitäter am Unfallort ein. Sie fanden bei mir keinen Puls und stellten meinen Tod fest. Dann deckten sie mich mit einer Folie zu, damit die Schaulustigen mich nicht anstarrten, während sie sich um die übrigen Verletzten kümmerten. Ich selbst nahm weder die Sanitäter noch sonst irgendjemanden wahr.

Ich war sofort nach meinem Tod im Himmel.

Während ich im Himmel war, kam ein Pfarrer an den Unfallort. Obwohl er wusste, dass ich tot war, rannte er zu meinem leblosen Körper und fing an, für mich zu beten. Auch der Spott der Rettungssanitäter konnte ihn nicht davon abhalten.

Ungefähr neunzig Minuten, nachdem der Rettungsdienst meinen Tod festgestellt hatte, erhörte Gott das Gebet dieses Mannes.

Ich kehrte ins Leben zurück.

Dies ist meine Geschichte.

Der Unfall

Wir dürfen also getrost sagen: „Der Herr steht mir bei; nun fürchte ich nichts mehr. Was könnte ein Mensch mir schon tun?“
Hebräer 13,6

Die *Baptist General Convention of Texas* (BGCT – ein regionaler Gemeindeverbund) hält für den Bundesstaat Texas jährlich drei Konferenzen ab. Im Januar 1989 wählten sie als Ort dafür das Nordufer des Lake Livingston aus, wo die *Union Baptist Association*, zu der alle Baptistengemeinden aus dem Raum Houston gehören, ein großes Konferenzzentrum unterhält, das *Trinity Pines* genannt wird. Thema der Konferenz war Gemeindewachstum, und ich nahm daran teil, weil ich ernsthaft daran dachte, eine neue Gemeinde zu gründen.

Die Konferenz begann am Montag und sollte am Mittwoch nach dem Mittagessen zu Ende sein. Am Dienstagabend traf ich mich mit einem Vertreter der BGCT, meinem guten Freund J. V. Thomas, und wir machten einen langen Spaziergang. Nach seinem Herzinfarkt hatte J. V. angefangen zu „walken“, und ich begleitete ihn an jenem letzten Abend der Konferenz.

Bereits einige Monate zuvor hatte ich angefangen, darüber nachzudenken, ob es nicht Zeit für mich wäre, eine neue Gemeinde zu gründen. Bevor ich mich jedoch auf ein solches Abenteuer einließ, wollte ich so viele Informationen sammeln, wie ich nur bekommen konnte, und ich wusste, dass niemand in der BGCT so große Ahnung von Gemeindegründung und Gemeindeentwicklung hatte wie er. Weil er selbst bereits mehrere blühende Gemeinden in unserem Bundesstaat gegründet hatte, war er in unserem Kreis allgemein als Experte anerkannt. Als wir also an jenem Abend miteinander spazieren gingen, sprachen wir über mein Gemeindegründungsprojekt – wann ich damit anfangen sollte und wo eine Neugründung sinnvoll wäre. Ich wollte mir gerne ein Bild davon machen, welche Schwierigkeiten mich erwarteten und welche Fallstricke ich vermeiden musste. Er beantwortete meine schier endlose Liste von Fragen und brachte von sich aus Dinge zur Sprache, über die ich noch gar nicht nachgedacht hatte.

Unser Spaziergang und unser Gespräch dauerten etwa eine Stunde. Trotz des kalten und regnerischen Wetters war es eine wunderbare Begegnung, und J. V. kann sich heute noch lebhaft daran erinnern.

Auch mir ist dieser Abend in Erinnerung geblieben, wenn auch aus einem ganz anderen Grund: Es sollte das letzte Mal sein, dass ich normal laufen konnte.

~

Am Mittwoch verschlechterte sich das Wetter. Es regnete ununterbrochen, und wäre es nur ein paar Grad kälter gewesen, hätten wir nicht abreisen können, weil alles gefroren gewesen wäre.

Das Plenum am Morgen fing pünktlich an, und der Redner dieses Abschlusstreffens tat etwas, was Baptistenprediger fast nie tun: Er kam frühzeitig zum Schluss. Statt eines Mittagessens servierten uns die Mitarbeiter in *Trinity Pines* gegen halb elf einen Brunch. Ich hatte meine Sachen schon am Vorabend gepackt, und so war mein ganzes Gepäck bereits in meinem roten Ford Escort.

Sobald wir unseren Brunch beendet hatten, verabschiedete ich mich von meinen Freunden und stieg ins Auto, um zu meiner

Heimatgemeinde zurückzufahren. Ich war damals fest angestellter Pastor in der *South Park Baptist Church* in Alvin, einem Vorort von Houston.

Während ich den Motor anließ, fiel mir wieder ein, dass ich gerade drei Wochen zuvor einen Strafzettel bekommen hatte, weil ich nicht angeschnallt gewesen war. Ich war gerade auf dem Weg gewesen, um in der Gemeinde eines befreundeten Pastors zu predigen, der sich einer Kehlkopfoperation hatte unterziehen müssen, und dabei war ich von der *Texas Highway Patrol* angehalten worden. Der Zettel lag noch immer auf dem Beifahrersitz neben mir und erinnerte mich daran, dass ich das Bußgeld noch bezahlen musste, sobald ich in Alvin wieder angekommen war. Vor diesem Strafzettel hatte ich im Allgemeinen nie meinen Gurt angelegt, doch seitdem hatte ich angefangen, es mir zur Gewohnheit zu machen.

Mein Blick fiel auf den Bußgeldbescheid, und ich dachte mir: *Nur nicht noch mal angehalten werden.* So legte ich meinen Sicherheitsgurt an. Dieser Entschluss sollte an jenem Tag von großer Tragweite sein.

Es gibt zwei Routen, wie man von diesem Freizeitzentrum nach Houston und weiter nach Alvin gelangen kann. Als ich am Tor von *Trinity Pines* angekommen war, musste ich mich entscheiden, entweder durch Livingston zu fahren und anschließend den *Highway 59* zu nehmen, oder aber nach Westen in Richtung Huntsville abzubiegen und dann auf der *Interstate 45*, auch *Gulf Freeway* genannt, weiterzufahren.

Ich war erleichtert, dass wir schon ein wenig früher loskamen. Es war gerade erst kurz nach elf, und so würde ich bereits gegen zwei Uhr wieder bei uns in der Gemeinde sein. Unser Hauptpastor befand sich mit einer Gruppe aus unserer Gemeinde auf einer Israelreise, weshalb ich für den Mittwochsgottesdienst in der *South Park Church* verantwortlich war. Außerdem hatte er mich gebeten, an den kommenden beiden Sonntagen zu predigen. An diesem Abend gab es lediglich ein Gebetstreffen, das kaum Vorbereitungen brauchte, aber ich musste noch einiges für meine Sonntagspredigt tun.

Noch vor meiner Abreise aus Alvin hatte ich einen Entwurf für meine erste Predigt gemacht. Sie trug den Titel: „Ich glaube an einen großen Gott." Während ich fuhr, wollte ich diesen Entwurf noch einmal durchgehen und mir wieder vergegenwärtigen, was ich bis dahin geschrieben hatte.

Seither habe ich immer wieder über meine Entscheidung nachdenken müssen, den *Gulf Freeway* zu nehmen. Es ist erstaunlich, wie wenig Gedanken wir uns über solche alltäglichen Entscheidungen machen. Und doch haben viele dieser kleinen Entscheidungen am Ende oft eine enorme Tragweite. Diese war eine davon.

Ich verließ das Gelände von *Trinity Pines* und bog nach rechts auf den *Texas Highway* Nummer 19 ab. Ich fuhr in Richtung Huntsville, wo die Landstraße die *Interstate 45* kreuzt, die Autobahn, die mich nach Houston brachte. Bereits nach kurzer Zeit stieß ich auf den Lake Livingston, ein künstliches Gewässer, welches durch das Aufstauen des Trinity Rivers entstanden war. Wo früher lediglich ein Flussbett gewesen war, befindet sich heute ein großer, wunderschöner See. Über den See hinüber führt ein Damm mit einer zweispurigen Straße. Es gibt praktisch keinerlei Böschung, sodass die Straße sehr eng ist. Auf dieser schmalen Straße musste ich nun ein ganzes Stück fahren, bis ich das andere Seeufer erreicht hatte. Ich hatte keine bösen Vorahnungen, obwohl mir natürlich die fehlende Böschung auffiel.

Am Ende der aufgeschütteten Straße liegt die alte Brücke über den Trinity River. Unmittelbar dahinter steigt die Straße steil an und führt den Hang oberhalb des Flussufers hinauf.

Diese scharf ansteigende Kurve bewirkt, dass die Sicht in beide Fahrtrichtungen eingeschränkt ist.

Es war das erste Mal, dass ich diese Brücke sah, und auf mich wirkte sie im ersten Moment wie ein sonderbarer Fremdkörper. Ich habe keine rechte Vorstellung davon, wie lang die Brücke ist, aber sie ist ziemlich lang. Es ist eine alte Brücke mit einer massiven Tragekonstruktion aus rostigem Stahl. Doch außer der Fahrbahn unmittelbar vor mir konnte ich nicht viel sehen, schon gar nicht den entgegenkommenden Verkehr am anderen Ufer. Es war eine sehr gefährliche Brücke, und es hatten sich dort, wie ich später erfuhr, bereits eine ganze Reihe von Unfällen ereignet. (Heute steht die Brücke zwar noch, aber sie ist nicht mehr in Betrieb, da unmittelbar daneben eine neue Brücke errichtet wurde.)

Da ich die Brücke nicht kannte, fuhr ich vorsichtig mit einem Tempo von 50 Meilen auf ihr entlang. Das Auto wollte gar nicht so recht warm werden, und der eisige Wind trug einiges dazu bei. Zudem war der Dauerregen inzwischen zu einem Wolkenbruch geworden. Ich freute mich deshalb darauf, so schnell wie möglich nach Alvin zu kommen. Gegen 11:45 Uhr, kurz bevor ich das östliche Ende der Brücke erreichte, driftete ein Sattelzug, der im Auftrag der Vollzugsbehörden des Staates Texas von einem Sträfling gefahren wurde, über die Mittellinie und traf meinen Wagen frontal. Der schwere Lkw drückte mein kleines Auto gegen die Leitplanke und überrollte es.

Ich erinnere mich bruchstückhaft an einige Details, doch das meiste, was ich über den Unfallhergang weiß, stammt aus dem Polizeiprotokoll und von Zeugenberichten.

Nach den Schilderungen, die ich von Augenzeugen erhalten habe, schlingerte der Lkw nach dem Zusammenprall auf die andere Seite der schmalen Brücke und fegte noch zwei weitere Autos von der Fahrbahn. Sie fuhren vor dem Lkw her und waren mir unmittelbar zuvor auf der Gegenfahrbahn begegnet. Der Polizeibericht besagt, dass der Laster, als er mich traf, ziemlich schnell fuhr – so an die hundert Stundenkilometer. Schließlich brachte der unerfahrene Lkw-Fahrer sein Gefährt nahe dem anderen Ende der Brücke zum Stehen.

Am Steuer der beiden anderen Fahrzeuge, die ebenfalls in den Unfall verwickelt wurden, saßen ein junger Vietnamese und ein älterer Mann weißer Hautfarbe. Obwohl sie ziemlich unter Schock standen, hatten sie doch nur geringfügige Schnittverletzungen und ein paar blaue Flecken davongetragen. Weil sie auf medizinische Hilfe verzichteten, wurde keiner von beiden ins Krankenhaus gebracht.

Aufgrund der hohen Geschwindigkeit, mit der der Lkw gefahren war, wird im Polizeibericht die Aufprallgeschwindigkeit beim Unfall mit etwa 110 Meilen (ca. 175 km/h) angegeben. Dieser Wert kommt dadurch zustande, dass der Lkw etwa 60 Meilen pro Stunde fuhr und ich die Brücke aus Vorsicht mit 50 Meilen pro Stunde passierte. Der Lkw-Fahrer musste sich später vor Gericht dafür verantworten, dass er sich nicht an die Geschwindigkeitsbegrenzung gehalten hatte und seiner Sorgfaltspflicht am Steuer nicht nachgekommen war. Später stellte sich heraus, dass er für einen Lkw dieser Größe überhaupt keinen entsprechenden Führerschein besaß. Das Aufsichtspersonal im Gefängnis hatte nach Freiwilligen gefragt, um einen Versorgungstransport zu fahren. Da er sich als Einziger gemeldet hatte, wurde ihm die Aufgabe übertragen. Hinter ihm waren zwei Vollzugsbeamte in einem anderen Fahrzeug gefahren.

Der Fahrer des Lkw war beim Unfall unverletzt geblieben, und auch das Fahrzeug war nur leicht beschädigt worden. Mein Ford dagegen war völlig zerquetscht und von der Fahrbahn gefegt worden. Nur das Brückengeländer hatte mich davor bewahrt, in den Fluss zu fallen.

Nach Zeugenberichten riefen die Vollzugsbeamten vom Unfallort aus sofort medizinische Unterstützung vom nahe gelegenen Gefängnis herbei, die bereits nach wenigen Minuten eintraf. Jemand untersuchte mich und konnte keinen Puls mehr feststellen. Er folgerte daraus, dass ich beim Unfall auf der Stelle gestorben sein musste.

Ich selbst habe keinerlei Erinnerungen an den Vorfall – weder an die Kollision noch an irgendetwas, was sich daraufhin zugetragen hat.

Wie durch einen Donnerschlag war mein Leben innerhalb einer Sekunde ausgelöscht worden.

Meine Zeit im Himmel

Er war ganz erschrocken und sagte: „Man muss sich dieser Stätte in Ehrfurcht nähern. Hier ist wirklich das Haus Gottes, das Tor des Himmels!"
1. Mose 28,17

Als ich starb, ging ich nicht durch einen langen dunklen Tunnel hindurch. Ich hatte nicht das Gefühl, irgendwie langsam hinüberzugleiten und später wieder zurückzukommen. Ich erlebte auch nicht, wie mein Leib sich auf ein Licht zubewegte. Ebenso wenig hörte ich Stimmen, die mich riefen, oder etwas dergleichen. Quasi parallel zu meiner letzten Erinnerung daran, dass ich im Regen über diese Brücke fuhr, wurde ich plötzlich von einem strahlenden Licht eingehüllt, das sich mit irdischen Begriffen nicht beschreiben lässt. Das war alles.

Im nächsten Augenblick befand ich mich im Himmel.

~

Als ich mich umschaute, durchströmte mich eine tiefe Freude. In diesem Augenblick entdeckte ich eine große Schar von Menschen. Sie standen vor einem strahlenden und reich verzierten Tor. Ich habe überhaupt keine Vorstellung, wie weit ich von ihnen entfernt war; Entfernungen spielten hier keine Rolle. Während die Schar mir entgegeneilte, sah ich zwar nicht Jesus, aber ich erkannte viele bekannte Gesichter. Während die Gruppe mir näher kam, erkannte ich, dass es sich dabei um Menschen handelte, die bereits vor mir gestorben waren. Ihre Anwesenheit erschien mir vollkommen natürlich.

Sie kamen auf mich zugelaufen. Jeder von ihnen lächelte, juchzte und lobte Gott. Obwohl es niemand sagte, wusste ich doch intuitiv, dass sie das Empfangskomitee des Himmels für mich waren. Es war gerade so, als ob sie alle vor dem Tor des Himmels auf mich gewartet hätten.

Die erste Person, die ich erkannte, war Joe Kulbeth, mein Großvater. Er sah genauso aus, wie ich ihn in Erinnerung hatte, mit seinem dichten weißen Haarschopf und seiner großen „Bananennase" – so hatte ich seine Nase zu seinen Lebzeiten immer genannt. Er kam auf mich zu und blieb für einen Augenblick vor mir stehen. Er lächelte über das ganze Gesicht. Möglicherweise rief ich seinen Namen, aber ich bin mir nicht sicher.

„Donnie!" (So hatte mein Großvater mich immer genannt.) Seine Augen strahlten, und kurz bevor er mich erreichte, streckte er mir die Arme entgegen. Er umarmte mich und drückte mich fest an sich. Hier war er wieder der rüstige und kräftige Großvater, den ich als Kind immer gekannt hatte.

Ich war dabei gewesen, als er zu Hause einen Herzinfarkt erlitten hatte, und war im Krankenwagen mitgefahren. Ich hatte draußen vor der Notaufnahme gewartet und miterlebt, wie der Doktor zur Tür herauskam und mich anschaute. Er hatte den Kopf geschüttelt und mit sanfter Stimme gemeint: „Wir haben alles getan, was wir konnten."

Mein Großvater ließ mich wieder los, und wie ich ihm ins Gesicht schaute, wurde ich von einem ekstatischen Hochgefühl überwältigt. Ich dachte überhaupt nicht mehr an seinen Herzinfarkt oder an seinen Tod, weil ich ganz und gar von einer unbeschreiblichen Wiedersehensfreude ergriffen war. Wie wir beide in den Himmel gelangt waren, spielte in diesem Augenblick überhaupt keine Rolle.

Ich habe keine Ahnung, warum ausgerechnet mein Großvater die erste Person war, die ich im Himmel sah. Vielleicht hatte es etwas damit zu tun, dass ich dabei war, als er starb. Es war nicht so, dass er eines der großen geistlichen Leitbilder meines Lebens gewesen wäre, obwohl er glaubensmäßig sicherlich einen positiven Einfluss auf mich gehabt hatte.

Ich kann gar nicht mehr sagen, wer als Nächstes kam, nachdem ich meinen Großvater begrüßt hatte. Die Schar umringte mich. Einige umarmten mich, einige wenige küssten mich auf die Wange. Wieder andere schüttelten mir die Hand. Ich kann mich nicht erinnern, dass ich mich jemals so geliebt gefühlt hätte wie in jenem Moment.

Einer der Leute, die gekommen waren, um mich zu begrüßen, war Mike Wood, ein Freund aus meiner Kindheit. Mike spielt deshalb eine besondere Rolle für mich, weil er es gewesen ist, der mich zur Sonntagsschule einlud, und weil er maßgeblich dazu beigetragen hat, dass ich zum Glauben kam. Mike war der hingegebenste Christ, den ich kannte. Er war unter unseren Mitschülern sehr beliebt und wurde für mich vor allem auch deshalb zu einem Vorbild, weil er den christlichen Lebensstil, den er verkündete, auch glaubwürdig vorlebte. Nach seinem Schulabschluss bekam er ein volles Stipendium an der *Louisiana State University*. Mike kam mit neunzehn Jahren bei einem Autounfall ums Leben. Die Nachricht von seinem Tod traf mich damals ganz tief, und ich brauchte sehr lange, um darüber hinwegzukommen. Sein Tod war für mich der schwerste Schicksalsschlag, den ich in meinem Leben bis dahin zu verkraften gehabt hatte.

Auf seiner Beerdigung fragte ich mich, ob ich wohl jemals wieder aufhören würde zu weinen. Ich konnte einfach nicht verstehen, warum Gott einen so hingegebenen Jünger so früh zu sich geholt hatte. In all den Jahren hatte ich den Schmerz und den Verlust nie ganz verkraften können. Nicht dass ich die ganze Zeit an ihn gedacht hätte, doch wenn ich es tat, überkam mich ein tiefes Gefühl der Traurigkeit.

Nun sah ich Mike im Himmel wieder. Als er mir den Arm um die Schulter legte, verschwand aller Schmerz und alle Trauer über seinen Tod. Nie hatte ich Mike so sehr strahlen sehen. Ich kann mir noch immer nicht ganz erklären, wie, aber die Freude, die an diesem Ort herrschte, löschte alle Fragen aus. Alles war ganz und gar unbeschwert und vollkommen.

Immer mehr Menschen kamen auf mich zu, streckten mir die Hand entgegen und riefen meinen Namen. Ich war einfach überwältigt, wie viele Menschen gekommen waren, um mich im Himmel willkommen zu heißen. Es waren so viele, und ich hätte nie geglaubt, dass irgendjemand derart glücklich sein konnte, wie sie es ganz offensichtlich waren. In ihren Gesichtern spiegelte sich eine entspannte Freude, wie ich sie auf der Erde nie gesehen hatte. Sie alle waren von einer strahlenden Lebendigkeit erfüllt.

Zeit spielte dort keine Rolle. Nur um der Klarheit willen greife ich bei meinen Schilderungen auf zeitliche Begriffe zurück.

Ich sah auch meinen Urgroßvater, hörte seine Stimme und spürte, wie er mich umarmte. Er brachte zum Ausdruck, wie froh er war, dass ich nun auch bei ihnen wäre. Ferner sah ich Barry Wilson, einen Mitschüler aus meiner Zeit an der Highschool, der in einem See ertrunken war. Barry umarmte mich, und in seinem Lächeln spiegelte sich ein Glücksgefühl wider, das ich überhaupt nicht für möglich gehalten hätte. Er, ebenso wie alle anderen, die noch folgten, lobte Gott und sagte mir, wie sehr sie sich freuten, mich zu sehen und mich im Himmel begrüßen zu können, wo ich nun an ihrer Gemeinschaft teilhaben würde.

In diesem Augenblick entdeckte ich zwei meiner Lehrer, die mich sehr gemocht und mit mir immer über Jesus geredet hatten. Wie ich mich so inmitten dieser Schar von Menschen bewegte, fiel mir die große Altersspanne auf. Alt und Jung waren vertreten und alle Altersgruppen dazwischen. Viele der Anwesenden hatten sich in ihrem irdischen Leben überhaupt nicht gekannt, doch sie alle hatten mein Leben auf die eine oder andere Weise beeinflusst. Obwohl sie sich auf der Erde nicht begegnet waren, hier kannten sie einander offenbar.

Ich versuche irgendwie mit irdischen Begriffen die unbeschreibliche Freude, die Erregung, die Wärme und das uneingeschränkte Glücksgefühl zu beschreiben, das an jenem Ort herrschte, aber ich merke, wie unzureichend meine Worte sind. Von allen Seiten wurde ich beständig umarmt, berührt und angesprochen. Alle lachten und lobten Gott. Dies schien eine ganze Weile anzudauern, doch es wurde mir auch nicht nur für einen Moment zu viel.

Mein Vater ist eines von 11 Geschwistern. Einige seiner Brüder und Schwestern hatten bis zu 13 Kinder. Als ich noch Kind war, waren unsere Familientreffen so groß, dass wir in Monticello (Arkansas) dafür gleich einen ganzen Stadtpark mieten mussten. Wir Pipers zeigen unsere Zuneigung gerne. Wenn wir zusammenkommen, werden immer viele Umarmungen und Küsse ausgetauscht, und doch war keines dieser irdischen Familientreffen auch nur ansatzweise mit jener wunderbaren Zusammenkunft vor dem Himmelstor zu vergleichen.

Einige von denen, die seinerzeit in Monticello dabei gewesen waren, begrüßten mich auch hier am Himmelstor. Es gab vieles, das am Himmel besonders war, doch ganz ohne Zweifel war dies hier das größte Familientreffen, das ich jemals erlebt hatte.

Alles, was dort auf mich eindrang, war ein einziges Festmahl für die Sinne. Niemals war ich je so liebevoll umarmt worden oder hatte eine solch unbändige Schönheit gesehen. Das Licht und die Gestalt der Dinge dort sind für unsere irdischen Maßstäbe kaum zu fassen. Ich war von einem warmen, strahlenden Licht eingehüllt. Und als ich mich umschaute, konnte ich die betörenden Farben kaum fassen, die ich dort sah. Die Farbtöne und die Leuchtkraft der Farben übertrafen alles, was ich bis dahin jemals gesehen hatte.

Die erhöhte Wahrnehmungsfähigkeit meiner Sinne bewirkte, dass ich das Gefühl hatte, noch nie zuvor etwas gesehen zu haben, das so real war. Ich erinnere mich nicht, dort irgendetwas gegessen oder getrunken zu haben, aber ich bin mir sicher, dass es unvergleichlich viel intensiver geschmeckt hätte als alles, was ich auf der Erde je zu mir genommen habe. Am treffendsten lässt es sich vielleicht beschreiben, wenn ich sage, wir waren in einer anderen Dimension. Niemals in meinem ganzen Leben habe ich mich je so lebendig gefühlt wie dort, selbst in meinen glücklichsten Momenten nicht. Völlig sprachlos stand ich vor dieser Menge von Menschen, die mich liebten, und versuchte alles in mich aufzunehmen. Wieder und wieder hörte ich, wie sehr sich alle darüber freuten, mich zu sehen, und wie glücklich sie darüber waren, mich nun bei sich zu haben. Ich bin mir gar nicht sicher, ob sie es so wörtlich gesagt haben, aber ich wusste, dass sie auf mich gewartet hatten. Dabei war mir natürlich bewusst, dass es im Himmel keinerlei Zeitgefühl gibt.

Ich betrachtete noch einmal die Gesichter eines jeden Einzelnen, und es wurde mir bewusst, dass sie alle in irgendeiner Weise dazu beigetragen hatten, dass ich Christ geworden bin oder dass sie mich doch zumindest auf meinem Weg im Glauben ermutigt hatten. Jeder von ihnen hatte mich irgendwie positiv beeinflusst. Alle hatten mir wichtige geistliche Impulse gegeben und mich als Jünger Jesu ein Stück vorangebracht. Ich wusste – auch dies ist wieder ein Sachverhalt, der mir dort einfach klar wurde, ohne dass ich verstand, wie ich zu dieser Einsicht gekommen war –, dem Einfluss dieser Menschen hatte ich es zu verdanken, dass ich nun mit ihnen zusammen im Himmel war.

Es war freilich keine Rede davon, was sie für mich getan hatten. Unsere Gespräche kreisten darum, wie sehr sich alle freuten, dass ich hier war, und wie glücklich sie waren, mich zu sehen.

Ich war vollkommen überwältigt und wusste nicht, wie ich auf ihren warmen Empfang reagieren sollte. „Ich bin so froh, bei euch zu sein", sagte ich, und selbst diese Worte konnten meine übergroße Freude nicht beschreiben, von all diesen lieben Menschen umringt zu sein.

Es war mir überhaupt nicht bewusst, dass ich etwas verloren hatte, und ich spürte kein Bedauern darüber, dass ich meine Familie und meinen Besitz hatte zurücklassen müssen. Es war so, als hätte Gott alles Negative und Betrübliche aus meinem Bewusstsein ausgelöscht. Ich konnte mich einfach nur freuen, mit all diesen wunderbaren Menschen vereint zu sein.

Sie sahen genauso aus, wie ich sie früher gekannt hatte, obwohl sie hier von einem Strahlen und einer Freude erfüllt waren, die sie auf der Erde nie besessen hatten.

Meine Urgroßmutter, Hattie Mann, war eine Indianerin. Als Kind hatte ich sie nur mit ihrer schweren Osteoporose gekannt. Ihr Kopf und ihre Schultern waren weit nach vorne gebeugt gewesen, sodass sie immer ein buckliges Aussehen gehabt hatte. Vor allem hatte sie auch immer ein extrem faltiges Gesicht gehabt. Ein weiteres Detail, an das ich mich noch gut erinnere, ist ihr Gebiss, das sie jedoch nur selten trug. Als sie mich hier im Himmel anlächelte, da hatte sie strahlend weiße Zähne. Ich wusste, dass dies ihre eigenen waren, und ihr Lächeln war das schönste, das ich je gesehen hatte.

Dann fiel mir auf, dass sie auch nicht mehr gebeugt war. Sie stand vollkommen aufrecht da, und alle Falten und Furchen waren aus ihrem Gesicht verschwunden. Ich hatte keine Ahnung, in welchem Alter sie so einmal ausgesehen hatte. Diese

Frage kam mir erst gar nicht. Wie ich nun so ihr strahlendes Gesicht anschaute, da wurde mir bewusst, dass Alter im Himmel keine Rolle spielt.

Alter ist ein sichtbares Zeichen der Zeit, und an jenem Ort gibt es keine Zeit. Alle Leute, die mir dort begegneten, waren so alt, wie sie zu dem Zeitpunkt waren, als ich sie zum letzten Mal gesehen hatte. Lediglich die Schäden, die das Leben auf dieser Erde an ihnen hinterlassen hatte, waren verschwunden. Auch wenn einige ihrer Züge auf der Erde nicht unbedingt als attraktiv gegolten hatten – im Himmel waren sie alle vollkommen, strahlend schön und herrlich anzuschauen.

Noch heute, viele Jahre später, schließe ich manchmal meine Augen, und dann stehen sie wieder vor mir – diese wunderschönen Gesichter mit ihrem strahlenden Lächeln, die mich mit einer so unbeschreiblichen Wärme und Freundlichkeit begrüßt haben, wie ich sie noch nie zuvor erlebt hatte. Mit ihnen zusammen sein zu können, war ein heiliger Moment. Diese Erfahrung erfüllt mich mit einer großen Hoffnung, die für mich enorm bedeutungsvoll ist.

Als ich in den Himmel kam, sah ich sie sofort vor mir. Sie kamen auf mich zu und umarmten mich. Wohin ich auch schaute, von allen Seiten kamen Menschen herbeigeeilt, die mir auf der Erde sehr viel bedeutet hatten und denen ich sehr viel bedeutet habe. Sie umringten mich und machten Platz, damit jeder die Möglichkeit hatte, mich im Himmel willkommen zu heißen.

Ich fühlte mich geliebt wie nie zuvor in meinem Leben. Sie sprachen es nicht aus, dass sie mich liebten. Ich erinnere mich noch nicht einmal mehr daran, was sie genau sagten, doch in dem Moment, da sie mich anschauten, wusste ich, was die Bibel mit vollkommener Liebe meint. Alle, die mich dort umringten, strahlten diese aus.

Ich konnte mich gar nicht sattsehen, und ich saugte ihre Liebe zu mir förmlich in mich auf. Irgendwann schaute ich mich um, und der Anblick überwältigte mich einfach. Alles war von einer bestechenden Intensität. Aus dem Tor, das gar nicht weit entfernt vor uns lag, drang ein strahlendes Licht nach draußen. Es war dieses Licht, das uns hier draußen mit einem unbeschreiblichen Leuchten umstrahlte. Als ich meinen Blick von den Gesichtern der Leute abwendete, die mich umringten, bemerkte ich, dass alles um mich herum mit einer enormen Intensität strahlte. Worte reichen nicht aus, um den Anblick zu beschreiben, weil unsere menschlichen Begriffe das Staunen und das Gefühl, etwas völlig Unfassbares zu erleben, einfach nicht zu fassen vermögen.

Alles, was ich dort sah, leuchtete mit einer unsagbaren Intensität. Ich weiß nicht, wie ich es erklären soll, aber irgendwann fingen wir an, uns langsam auf das Licht zuzubewegen. Niemand forderte uns dazu auf, doch wir alle fingen gleichzeitig an, in diese Richtung zu gehen. Als ich nach vorne schaute, schien alles größer zu werden. Es war, als würden wir einen sanften Hügel hinaufgehen, der einfach nicht aufhören wollte. Ich hatte eigentlich erwartet, dass hinter diesem Tor auch irgendwo noch eine Spur von Dunkelheit zu sehen sein müsste, doch so weit ich blicken konnte, sah ich nichts als intensives, strahlendes Licht.

Im Unterschied dazu verblasste selbst das eindrucksvolle Licht, das ich an meinen Freunden sah. Je heller das strahlende Licht vor uns wurde, desto fahler und farbloser wirkten sie. Seine Leuchtkraft schien mit jedem Schritt zuzunehmen. Ich konnte mir gar nicht vorstellen, wie es überhaupt noch betörender werden sollte, und doch nahm es immer mehr zu. Es war so, als würde man aus einem dunklen Raum in die helle Mittagssonne hinaustreten. Die Tür geht auf, und das strahlende

Licht schlägt uns ins Gesicht, sodass wir für einen Moment völlig geblendet sind.

Ich war zwar nicht geblendet, aber ich war vollkommen perplex, dass der Glanz und die Intensität des Lichtes immer noch zunehmen konnte. So sonderbar es scheint, und obwohl alles schon so strahlend hell war, wurde es doch mit jedem Schritt, den ich auf dieses Licht zuging, immer betörender. Je weiter ich kam, desto heller wurde das Licht. Das Licht umfing mich, und ich hatte das Gefühl, als würde ich in die Gegenwart Gottes hineingeleitet. Im Unterschied zu meinen irdischen Augen, die sich erst langsam an Licht oder Dunkelheit gewöhnen müssen, sahen meine himmlischen Augen alles ganz klar und ohne jegliche Anstrengung. Im Himmel sind unsere Sinnesleistungen ins Unermessliche gesteigert, damit wir alles um uns herum in uns aufnehmen können. Welch ein Fest für die Sinne!

Eine heilige Ehrfurcht überkam mich, als ich mich dem Tor näherte. Ich hatte keine Ahnung, was mich dahinter erwarten würde, aber ich spürte, dass mit jedem Schritt, den ich tat, alles immer wunderbarer wurde. Auf einmal nahm ich die Musik wahr.

Die Musik des Himmels

Dann sah und hörte ich Tausende und Abertausende von Engeln, eine unübersehbare Zahl. Sie standen rund um den Thron, und die vier mächtigen Gestalten und die Ältesten riefen mit lauter Stimme …
Offenbarung 5,11

Als kleiner Junge spielte ich viel draußen auf den Wiesen und im Wald. Wenn ich so durch das hüfthohe trockene Gras streifte, kam es oft vor, dass ich versehentlich ein Gelege von Vögeln aufscheuchte, die am Boden nisteten. Sie flogen dann ganz plötzlich mit lautem Flattern davon.

Von allem, was ich im Himmel erlebt habe, ist mir das, was ich dort hörte, am lebendigsten in Erinnerung geblieben. Ich kann es nur als ein heiliges Flattern von Flügeln beschreiben.

Um jedoch der Wirkung auch nur annähernd gerecht zu werden, die dieses himmlische Geräusch hatte, müsste man das Geräusch von schlagenden Flügeln vieltausendfach verstärken.

Es war der schönste und angenehmste Klang, der mir jemals zu Ohren gekommen ist, und er hielt beständig an, wie ein Lied, das nie aufhört. Ich war völlig hingerissen und hätte diesen Klang am liebsten immer weitergehört. Dabei hörte ich die Musik jedoch nicht nur, es schien vielmehr so, als wäre ich selbst Teil der Musik, die in mir und durch mich hindurch erklang. Ich stand einfach nur da, ohne einen Laut von mir zu geben, und dennoch hatte ich das Gefühl mitzuschwingen.

Sosehr ich mir der freudigen Klänge bewusst war, die ich da hörte, lenkten sie mich doch nicht von meinem Ziel ab. Ich hatte das Gefühl, als ob alles in mir in dieses himmlische Konzert einstimmte, und zugleich war ich konzentriert und vollkommen aufnahmefähig für alles, was um mich herum vor sich ging.

Ich bekam die Quelle dieser Geräusche nie zu Gesicht. Mir war jedoch so, als wäre sie direkt über mir, aber ich schaute nicht nach oben. Ich weiß eigentlich gar nicht, warum ich es nicht tat. Vielleicht lag es daran, dass die Leute um mich herum mich ganz und gar eingenommen hatten, oder meine Sinne waren einfach so überwältigt von all den Dingen, die ich wahrnahm, dass ich alles zugleich in mich aufsog. Ich stellte keine Fragen – auch mir selbst nicht. Alles war einfach ganz und gar vollkommen. Ich spürte, dass ich alles wusste und dass ich es nicht nötig hatte, irgendwelche Fragen zu stellen.

Ich war von der gewaltigen Zahl von Geräuschen, die ich hörte, so erfüllt, dass es mir schwerfällt, sie zu beschreiben. Am erstaunlichsten war jedoch das Rauschen der Engelsflügel. Ich konnte sie zwar nicht sehen, doch das Geräusch, das sie machten, war wie eine Melodie voller Anmut und Heiligkeit, die immer wieder in unendlichen Variationen erklang. Das Rauschen erschien mir wie eine Form des Lobpreises, der nie aufhörte. Als ich es hörte, wusste ich sofort, was es war.

Und dann war da noch ein weiterer Klang, der bis heute unter allen Wahrnehmungen, die im Himmel auf mich eindrangen, besonders hervorsticht. Ich möchte es hier einmal als Musik bezeichnen, aber es ist doch mit nichts zu vergleichen, was ich auf der Erde jemals gehört habe oder mir hier auch nur vorstellen könnte. Die ganze Atmosphäre war von Anbetungsmusik erfüllt. Die immer gleich bleibende Intensität und die stets neuen Variationen dieser Klänge waren für mich einfach überwältigend.

Die Anbetung nahm einfach kein Ende, doch was mich am meisten faszinierte, war die Tatsache, dass hier Hunderte von Liedern zugleich gesungen wurden, die allesamt Gott verherrlichten.

Wie ich mich so dem großen herrlichen Tor näherte, hörte ich das Singen überall um mich herum, und es wurde mir klar, dass jede einzelne Stimme Gott anbetete. Ich spreche hier von Stimmen, doch in Wirklichkeit war es mehr als das. Einige der Stimmen klangen so, als ob die Musik von Instrumenten stammte, aber ich war mir nicht ganz sicher – es war mir im Grunde genommen auch gar nicht wichtig. Alles war vom Lobpreis Gottes erfüllt, doch diese Töne und Melodien hatte ich noch nie zuvor gehört.

„Halleluja!" „Lobt ihn!" „Ehre sei Gott!" „Preis sei dem König!" Dies waren einige der Wortfragmente, die ich aus der Musik heraushören konnte. Ich weiß nicht, ob sie von Engeln kamen oder von Menschen. Ich war so tief berührt und von der himmlischen Stimmung ergriffen, dass ich gar nicht weiter um mich herum schaute. Mein Herz war von einer Freude erfüllt, wie ich sie nie zuvor erlebt hatte. Und obwohl ich an diesem Lobgesang nicht beteiligt war, hatte ich doch das Gefühl, dass mein Herz in diese überschwängliche Freude mit einstimmte.

Wenn wir hier auf Erden zur selben Zeit verschiedene CDs mit Anbetungsmusik abspielen würden, dann erhielten wir eine unerträgliche Kakofonie von Klängen, die uns vollkommen verrückt machen würde. Dies hier jedoch war etwas ganz anderes. Jeder Ton verband sich harmonisch mit dem Ganzen, und alle Stimmen und Instrumente passten perfekt zueinander.

So sonderbar es klingen mag, ich konnte die einzelnen Melodien klar auseinanderhalten. Es schien so, als ob jedes dieser Anbetungslieder, die ich auf dem Weg zum Tor hörte, für mich bestimmt war.

Inmitten dieser Musik konnte ich viele der alten Kirchenlieder erkennen, die ich in meinem Leben immer wieder gesungen hatte – ebenso wie Hunderte von Liedern, denen ich noch nie zuvor begegnet war. Kirchenlieder, moderne Lobpreislieder und alte Hymnen klangen mir in den Ohren und erfüllten mich nicht nur mit einem tiefen Frieden, sondern mit dem erhebendsten Gefühl der Freude, das ich je empfunden habe.

Als ich vor dem Tor stand, dachte ich gar nicht weiter darüber nach, doch später wurde mir bewusst, dass ich gar keine Lieder hörte, die vom Kreuz Jesu handeln – wie zum Beispiel *The Old Rugged Cross (Das alt raue Kreuz)* oder *The Nail-Scarred Hand (Die Hand mit den Nägelmalen).* Keine der Hymnen, die an diesem Ort die Lüfte erfüllten, handelten vom Opfertod Jesu. Ich hörte kein einziges Trauerlied, und ich wusste einfach instinktiv, dass es solche Lieder im Himmel nicht gab. Woher auch? Alles, was ich hörte, waren Loblieder auf die Herrschaft Christi als König der Könige, freudige Anbetungsgesänge, die besangen, wie wunderbar er ist und was er für uns getan hat.

Die himmlischen Klänge übertrafen alles, was ich bis dahin je gehört hatte. Es war mir nicht möglich auszumachen, wie viele Lieder dort zugleich erklangen. Es mochten gut und gerne einige Tausend gewesen sein. Dennoch war es überhaupt nicht chaotisch, weil ich die Fähigkeit besaß, jede einzelne Melodie herauszuhören und den Text zu verstehen.

Ich war von der wunderbaren Musik ganz und gar ergriffen. Obwohl ich in meinem Leben nie eine schöne Singstimme besessen hatte, wusste ich doch, dass ich hier in der Lage war, wunderbar melodisch zu singen und die Töne perfekt zu treffen, so wie die zahllosen Stimmen und Instrumente, die an diesem Ort die Lüfte erfüllten.

Noch heute, da ich wieder auf der Erde bin, höre ich manchmal einen schwachen Nachhall dieser Musik. Wenn ich besonders müde bin und mit geschlossenen Augen im Bett liege, dann kommt es vor, dass ich beim Hinüberdriften in den Schlaf das Echo dieser Klänge des Himmels in mir höre. In diesem Moment erlebe ich immer einen tiefen Frieden, egal, was für einen schwierigen Tag ich auch hinter mir haben mag. Bis heute habe ich gelegentlich *Flashbacks*, auch wenn sie ein wenig anders sind als das, was man gemeinhin als *Flashbacks* bezeichnet. Mir kommen eher die Klänge wieder ins Bewusstsein als die Dinge, die ich gesehen habe.

Ich habe viel über die Bedeutung dieser himmlischen Musik nachgedacht, und es ist schon ziemlich erstaunlich. Eigentlich hätte ich erwartet, dass mir andere Dinge stärker im Gedächtnis haften bleiben würden: einer der vielen überwältigenden visuellen Eindrücke etwa oder die liebevolle Umarmung einer geliebten Person. Dennoch sind mir die Klänge die liebste Erinnerung geblieben, und manchmal denke ich, dass ich es kaum erwarten kann, sie wieder mit eigenen Ohren zu hören. Darauf freue ich mich ganz besonders. Ich möchte alle, die mir dort begegnet sind, wiedersehen, aber ich weiß ja, dass ich in Ewigkeit mit ihnen vereint sein werde. Ich möchte alles erleben, was der Himmel mir bietet, doch vor allem möchte ich die Musik wieder hören, die dort unaufhörlich erklingt.

Ich weiß natürlich nicht, was im Herzen Gottes vorgeht, aber ich empfinde eine große Freude bei dem Gedanken, dass er beständig in den Genuss dieser anhaltenden Anbetung kommt.

~

In diesen Minuten – in denen ich jegliches Zeitgefühl verloren hatte – wurde ich von anderen Menschen berührt, und ihre warmherzigen Umarmungen waren absolut real für mich. Ich sah Farben, wie ich sie zu Lebzeiten nie für möglich gehalten hätte. Niemals habe ich mich je lebendiger gefühlt als in diesem Augenblick.

Ich war zu Hause; dort gehörte ich hin. An diesem Ort wollte ich sein, mehr als ich jemals irgendwo auf der Erde hatte sein wollen. Die Zeit war nicht mehr, und ich lebte einfach in der Gegenwart. Alle Sorgen, Ängste und Bedenken waren verschwunden. Ich war völlig bedürfnislos und fühlte mich vollkommen glücklich.

~

Es ist ein wenig frustrierend, beschreiben zu wollen, wie der Himmel tatsächlich war. Ich finde einfach keine geeigneten Worte, die auch nur annähernd ausdrücken könnten, wie es dort aussah, was ich hörte und wie es sich anfühlte, dort zu sein. Es war einfach vollkommen. Ich wusste, dass ich keinerlei Bedürfnisse hatte und auch nie mehr irgendwelche Bedürfnisse haben würde. Ich dachte kein einziges Mal an die Erde oder an die Menschen, die ich dort hatte zurücklassen müssen.

Gott bekam ich nicht zu sehen. Obwohl ich wusste, dass Gott da war, sah ich doch niemals irgendeine Erscheinung oder ein leuchtend helles Licht, das auf Gottes Gegenwart hingedeutet hätte. Ich habe auch schon von Leuten gehört, die durch das Tor hineingingen und anschließend wieder herauskamen, aber ich selbst habe dies so nicht erlebt.

Ich sah lediglich ein helles Leuchten. Ich blickte zum Tor hinein und spürte in mir ein großes Verlangen nach dem, was sich dahinter verbarg. Es war kein ungeduldiges Drängen, sondern vielmehr eine vollkommene innere Offenheit, die aus einem tiefen Gefühl der Befriedigung heraus resultierte – einer Bereitschaft, die Gnade und Freude des Himmels nun voll und ganz zu erleben.

Das Einzige, was mir zu diesem Aspekt meiner Erfahrung im Himmel einfällt, ist dieses: Wenn ich Gott wirklich gesehen hätte, dann hätte ich sicherlich nie mehr zurückkommen wollen. Ich bin der tiefen Überzeugung, dass niemand, der einmal in der Gegenwart Gottes gewesen ist, sie je wieder verlassen will, denn ohne diese Gegenwart muss alles andere leer und sinnlos anmuten.

Für mich war schon das, was ich vor dem Tor erlebt habe, über alle Maßen erstaunlich und wunderbar. Es war ein Vorgeschmack auf die Freude, die wir in der Gegenwart Gottes erleben werden, und meine Worte reichen nicht aus, um diese Erfahrung zu beschreiben.

Als Pastor habe ich bereits an vielen Särgen gestanden. Ich habe unzählige Beerdigungen abgehalten und dabei gesagt: „Den Körper zu verlassen, heißt, beim Herrn zu sein, zusammen mit allen, die ihn kennen und lieben."

Dies habe ich schon immer geglaubt, und heute glaube ich es umso mehr.

~

Nach einer Weile (ich greife wieder auf menschliche Begriffe zurück) begannen wir, alle miteinander direkt zum Tor zu gehen. Niemand sagte es, doch ich wusste einfach, dass Gott mir all diese Menschen entgegengeschickt hatte, um mich ins Himmelstor hineinzugeleiten.

Direkt über den Köpfen meines Empfangskomitees erhob sich ein gewaltiges Tor. Die Mauer erstreckte sich nach beiden Seiten, so weit das Auge reichte. Besonders verblüffend fand ich, dass der eigentliche Eingang im Vergleich zu der massiven Torarchitektur recht klein war. Ich schaute nach beiden Seiten, um zu sehen, wo die Mauer endete, doch es war kein Ende zu erkennen. Ich schaute nach oben, und auch über mir schien sich die Mauer bis ins Unendliche zu erstrecken.

Eines überraschte mich: Wann immer ich auf der Erde an den Himmel gedacht hatte, hatte ich erwartet, dass ich irgendwann einmal ein Perlentor durchschreiten würde, weil die Bibel von Toren aus Perlen spricht. Dieses Tor war zwar nicht aus Perlen gemacht, aber es schimmerte wie eine Perle – irisierend wäre vielleicht das treffende Wort. Es schien so, als hätte jemand Perlmuttglasur darübergegossen, sodass das Tor leuchtete und schimmerte.

Ich hielt einen Moment lang inne und betrachtete die herrlichen Farbtöne mit ihren vielfach schimmernden Farbverläufen. Ihr Leuchten war einfach betörend, und ich hätte gerne noch länger dort verweilt, doch ich folgte dem Zug, der mich scheinbar in die Gegenwart Gottes begleitete.

Unmittelbar vor dem Tor blieb ich noch einmal stehen und erblickte, was hinter dem Tor lag. Dort sah ich eine Stadt mit gepflasterten Straßen, die zu meinem großen Erstaunen aus purem Gold bestanden. Können Sie sich eine Straße vorstellen, die aus goldenen Pflastersteinen besteht? Dies kommt dem, was ich dort im Inneren der Stadt erblickte, sehr nahe.

Alles, was ich in der Stadt sah, war strahlend hell. Es waren die hellsten Farben, die ich je gesehen hatte. Sie strahlten so sehr, dass kein Mensch auf der Erde ihre Helligkeit ertragen könnte.

In dieser eindrucksvollen Szene ging ich weiter auf das Tor zu und erwartete, dass ich es jeden Augenblick durchschreiten würde. Meine Freunde und Verwandten waren alle vor mir. Sie riefen mir zu und drängten mich, ich solle doch mit ihnen kommen.

Dann wechselte die Szene. Meine Begleiter waren nun nicht mehr vor mir, sondern neben mir. Ich spürte, dass sie an meiner Seite sein wollten, während ich das irisierende Tor langsam durchschritt.

Manchmal werde ich von Leuten gefragt: „Wie hast du dich denn dort fortbewegt? Bist du geschwebt?“ Ich weiß es nicht. Ich habe mich einfach zusammen mit den Leuten, die mir zur Begrüßung entgegengekommen waren, auf das Tor zu bewegt. Während wir uns gemeinsam dem Tor näherten, wurde die Musik lauter und sogar noch lebendiger. Es war ein wenig so, als würde man sich langsam einer grandiosen Veranstaltung nähern, die man bislang nur von Weitem gesehen hat und deren Lärm man schon von weit her hört. Je näher wir kamen, desto intensiver und lebendiger wurde alles. Als wir am Tor angekommen waren, schienen meine Sinne noch einmal ein Stück empfindsamer zu werden, und ich fühlte mich wie in einem Rausch tiefster Beglückung.

Kurz bevor ich das Tor durchschritt, hielt ich noch einen Moment lang inne – ich weiß auch nicht mehr, warum. Ich war voller Spannung und konnte es kaum erwarten einzutreten. Ich wusste, dass drinnen alles noch wunderbarer sein würde als die Dinge, die ich bis dahin erlebt hatte. Ich stand kurz vor der Erfüllung eines Traumes, der das Herz eines jeden Menschen erfüllt. Ich war im Himmel und war im Begriff, das Perlentor zu durchschreiten.

In diesem kurzen Moment des Innehaltens änderte sich noch etwas. Nun hörte ich die Musik und die vielen Tausend Stimmen, die Gott anbeteten, nicht mehr nur, sondern ich war selbst Teil des Chores. Ich gehörte dazu, und ich war darin aufgegangen. Ich war an jenem Ort angekommen, nach dem ich mich so lange gesehnt hatte; ich verweilte noch einen Augenblick, um den Anblick in mich aufzunehmen, bevor ich durch das Tor eintrat.

Auf einmal jedoch, so plötzlich wie ich vor dem Tor des Himmels angelangt war, verließ ich es wieder.

Vom Himmel auf die Erde

Und muss ich auch durchs finstere Tal – ich fürchte kein Unheil! Du, Herr, bist ja bei mir; du schützt mich, und du führst mich, das macht mir Mut.
Psalm 23,4

Das Rettungspersonal stellte gleich nach seiner Ankunft am Unfallort meinen Tod fest. Sie kamen zu dem Schluss, dass ich auf der Stelle tot gewesen sein musste. Laut Polizeibericht ereignete sich die Kollision gegen 11:45 Uhr. Nachdem sie meinen Tod festgestellt hatten, waren die Sanitäter so sehr mit den anderen Verletzten beschäftigt, dass es 13:15 Uhr wurde, bis sie schließlich so weit waren, mich aus dem Wrack bergen zu können. Wieder prüften sie meinen Puls.

Ich war noch immer tot.

Das Gesetz schreibt vor, dass ich erst offiziell für tot erklärt werden musste, bevor mein Leichnam von der Unfallstelle abtransportiert werden konnte. Solange ich jedoch nicht für tot erklärt war, musste ich mit dem Rettungswagen ins Krankenhaus gebracht werden. In diesem Landkreis gab es keinen Gerichtsmediziner, doch später erfuhr ich, dass auch ein Richter mich für tot hätte erklären dürfen.

Sowohl aus dem Gefängnis als auch aus Huntsville selbst waren Rettungswagen zum Unfallort gekommen. Bis auf einen fuhren sie alle wieder ab, ohne einen Patienten mitzunehmen. Schließlich machte sich auch der letzte von ihnen zur Abfahrt bereit. Wie ich den Hergang der Dinge rekonstruierte, hatte offenbar jemand veranlasst, dass ich später mit einem neutral aussehenden Fahrzeug zum Leichenschauhaus gebracht werden sollte.

Doch zunächst musste die angeforderte Stahlschere zum Einsatz kommen, um mich aus dem völlig zerquetschten Unfallwrack herauszuschneiden. Da ich ja bereits tot war, schien jedoch keine Eile geboten. Deshalb bestand das Hauptanliegen der Rettungskräfte zunächst darin, die Brücke so schnell wie möglich wieder für den Verkehr freizubekommen.

Der Lkw hatte mich schräg von vorne erwischt und mein Fahrzeug quer überrollt. Dabei war das Dach eingedrückt worden. Das Armaturenbrett war ebenfalls heruntergedrückt worden und hatte mein rechtes Bein zerquetscht. Mein linkes Bein war an zwei Stellen zertrümmert und befand sich zwischen dem Fahrersitz und dem Armaturenbrett. Mein linker Arm war nach hinten ausgerenkt und hing über dem Sitz. Ich war noch immer angeschnallt – gerade eben so.

Vor dem Unfall hatte ich das Lenkrad mit der rechten Hand gehalten und den linken Ellbogen auf der Fahrertüre aufgestützt. Später erfuhr ich, dass die großen Unterarmknochen völlig zermalmt waren; mein Unterarm war nur noch eine Masse Fleisch, die meine Hand mit dem übrigen Körper verband. Das Gleiche galt auch für mein linkes Bein. Oberhalb meines Knies befand sich noch ein Stück intaktes Gewebe, durch das Unterschenkel und Fuß mit Blut versorgt wurden. Zehn Zentimeter meines Oberschenkelknochens fehlten und wurden überhaupt nie gefunden. Die Ärzte können sich medizinisch nicht erklären, wie es möglich ist, dass ich nicht verblutet bin.

Alles war voller Glassplitter und Blut. Auch in meinem Gesicht steckten zahlreiche Glassplitter. Das Lenkrad war mir in die Brust gerammt. Blut rann mir aus Augen und Ohren sowie aus der Nase.

Schon der erste Anblick machte den Rettungssanitätern deutlich, dass ich ein massives Schädeltrauma und schwere innere Verletzungen erlitten hatte. Nachdem sie keinen Puls hatten feststellen können, deckten sie das zerstörte Wagendach samt den Fensteröffnungen mit einer wasserdichten Plane zu. Sie unternahmen zunächst keinen Versuch, mich von der Stelle zu bewegen oder aus dem Fahrzeug zu holen. Sie hätten es ohne die Stahlschere auch gar nicht gekonnt.

Ein Umstand, der die Dinge sehr beschleunigte, war die Tatsache, dass die beiden Gefängniswärter in ihrem Begleitfahrzeug sofort per Funk aus dem nahe gelegenen Gefängnis Hilfe herbeiholen konnten. Ansonsten hätte es viel länger gedauert, bis die ersten Retter eintrafen, weil die nächste größere Stadt ziemlich weit entfernt lag.

Sie untersuchten die beiden anderen Unfallbeteiligten, die jedoch unverletzt waren und jegliche Behandlung ablehnten. Der Häftling, der den Lkw gefahren hatte, war ebenfalls unversehrt geblieben. Sobald die Sanitäter festgestellt hatten, dass ihm nichts fehlte, nahmen sie ihn wieder mit ins Gefängnis zurück. Die Polizei hatte die Brücke komplett gesperrt und wartete darauf, dass der Krankenwagen aus der Stadt eintraf. Währenddessen staute sich der Verkehr in beiden Richtungen meilenweit zurück, vor allem in die Richtung, aus der ich gekommen war. Die Brücke war sehr schmal und bestand nur aus zwei Fahrbahnen. Selbst wenn es den wartenden Fahrzeugen möglich gewesen wäre, zu wenden und umzukehren, hätten sie einen Umweg von sechzig bis siebzig Meilen in Kauf nehmen müssen, um den nächsten Übergang über den See zu erreichen.

Dick und Anita Onerecker standen etwa einen knappen Kilometer hinter der Unfallstelle im Stau. Sie beschlossen, zu Fuß zum Unfallort zu gehen und nachzusehen, was passiert war. Die beiden hatten in Klein, nördlich von Houston, eine Gemeinde gegründet und waren auf der Pastorenkonferenz, von der ich gerade kam, Gastredner gewesen. Ich kann mich nicht mehr erinnern, dass wir uns in *Trinity Pines* bewusst begegnet waren. Möglich ist es. Aber ich hatte über die Jahre hinweg schon viel von Dick Onerecker gehört, und diese Konferenz war das erste Mal gewesen, dass ich ihn live hatte erleben können.

An jenem Mittwochmorgen waren die Onereckers einige Minuten vor mir aus *Trinity Pines* abgefahren. Für die Gegend von Houston war dies wirklich ein außergewöhnlich kalter Morgen gewesen, und so hatte Anita kurz nach der Abfahrt vorgeschlagen, dass sie noch einmal kurz anhalten könnten, um sich einen heißen Kaffee zu holen.

Dick hatte kurz darauf direkt am Ufer des *Lake Livingston* einen Anglerladen entdeckt und dort angehalten. Genau während dieser Zeit muss ich sie wohl überholt haben.

Später schlug Dick sich oftmals die Hände vors Gesicht und meinte: „Mensch, wie oft habe ich gedacht: Das hätte auch uns treffen können. Eigentlich hätte es uns treffen müssen. Nur weil wir angehalten haben und du uns überholt hast, hat es dich erwischt."

So war es also gekommen, dass, noch bevor die Onereckers die Brücke erreicht hatten, der Unfall bereits passiert war und der Verkehr angefangen hatte, sich zu stauen. Die Leute stiegen aus ihren Autos aus, fingen an, herumzulaufen und das bisschen an Informationen auszutauschen, das sie hatten.

Als Dick und Anita ausgestiegen waren, fragten sie gleich die anderen Autofahrer: „Wissen Sie, was da vorne los ist?"

Es hatte sich bereits nach hinten durchgesprochen, dass ein schwerer Unfall passiert war. „Ein Lkw ist mit einem Auto zusammengeprallt." Mehr wussten die Leute auch nicht.

Dick und Anita standen einige Minuten herum, doch nichts rührte sich. Hinter ihnen wurde der Stau immer länger. Deshalb beschlossen sie irgendwann zwischen 12:30 Uhr und 12:45 Uhr, zur Unfallstelle zu gehen.

Als sie einen Polizisten sahen, sprach Dick ihn an: „Ich bin Pastor. Gibt es hier vielleicht jemanden, dem ich irgendwie helfen könnte? Haben Sie hier jemanden, für den ich beten sollte?"

Der Polizist schüttelte den Kopf. „Die Leute aus diesen beiden Autos dort drüben sind ein bisschen durcheinander, aber es geht ihnen gut."

„Was ist denn mit dem anderen Wagen dahinten, der mit der Plane abgedeckt ist?"

„Der Fahrer des roten Fahrzeugs ist leider verstorben", war die Antwort des Polizisten.

Während Dick weiter mit dem Polizisten redete, ging Anita zu den beiden anderen Unfallfahrzeugen hinüber. Sie gab dem älteren Herrn ihren Kaffee, der bis dahin nahezu unberührt geblieben war.

Dick schilderte den Hergang der Dinge später folgendermaßen: „Ich spürte, wie Gott zu mir sprach und meinte: ‚Du musst für den Mann in dem roten Auto dort beten.'"

Dick war ein Baptistenprediger, und für einen Toten zu beten, war mit seiner Theologie absolut nicht zu vereinbaren. *Das kann ich doch nicht machen*, dachte er deshalb bei sich. *Warum sollte ich da noch hingehen und beten? Dieser Mann ist doch tot.*

Inzwischen regnete es nur noch leicht, aber es interessierte Dick nicht weiter, was um ihn herum vor sich ging. Dick starrte den Polizisten an und war sich vollkommen darüber im Klaren, dass das, was er nun sagen würde, ziemlich töricht klingen musste. Doch Gott sprach so deutlich zu ihm, dass überhaupt kein Zweifel daran bestehen konnte, was er zu tun hatte. Gott hatte ihm aufgetragen, für einen Toten zu beten. So verrückt es auch schien, war Dick sich doch ganz sicher, dass es der Heilige Geist war, der ihn dazu drängte.

„Ich würde gerne für diesen Mann in dem roten Wagen dort beten", meinte er schließlich zu dem Polizisten.

„Ich sagte ja bereits, er ist tot."

„Ich weiß, es klingt verrückt, aber ich möchte trotzdem gerne für ihn beten."

Der Beamte starrte ihn lange mit großen Augen an und erwiderte schließlich: „Tja, also, wenn Sie meinen, dann bitte schön. Aber ich sage Ihnen, es ist ein ziemlich schrecklicher Anblick. Der Mann ist tot, und unter der Plane sieht es chaotisch aus. Da ist überall Blut und Glassplitter, und der Körper ist völlig entstellt."

Dick, der damals in seinen Vierzigern war, erwiderte: „Ich war in Vietnam Sanitäter. Ich habe keine Angst vor dem Anblick von Blut."

„Ich möchte Sie trotzdem warnen …" Er stockte, und schließlich zuckte er mit den Schultern. „Tun Sie, was Sie für richtig halten, aber ich sage Ihnen: So etwas Furchtbares haben Sie noch nicht gesehen."

„Vielen Dank", erwiderte Dick und ging zu dem zugedeckten Wagen.

Wenn man die Bilder des zermalmten Autos sieht, dann möchte man es fast nicht für möglich halten, aber Dick schaffte es tatsächlich irgendwie, von hinten in das Wrack hineinzukriechen. Es war ein Wagen mit Heckklappe gewesen, doch das Heck war weggerissen. Er war noch immer mit der Plane bedeckt, und so war es in dem Auto völlig dunkel. Dick arbeitete sich von hinten an mich heran, lehnte sich über die Rückbank und legte mir die Hand auf die rechte Schulter.

Er begann für mich zu beten. Später erzählte er: „Ich hatte einfach den Eindruck, dass ich beten sollte. Ich hatte keine Ahnung, wer der Mann war und ob er Christ war. Ich wusste nur, dass Gott mir den Auftrag gegeben hatte, für ihn zu beten."

Während Dick für mich betete, übermannten ihn immer wieder seine Gefühle, weshalb er mehrfach in Tränen ausbrach.

Hin und wieder unterbrach er seine Gebete mit Liedern, die ihm zu dieser Situation einfielen.

Dick glaubte nicht nur, dass Gott ihn beauftragt hatte, ganz allgemein für mich zu beten, er betete sehr spezifisch, dass Gott die äußerlich nicht sichtbaren Verletzungen heilen würde, insbesondere die im Kopf und die inneren Verletzungen.

Dies erscheint umso verrückter, als Dick wusste, dass ich tot war. Nicht nur der Polizist hatte es ihm gesagt, sondern er hatte sich auch selbst davon überzeugt, dass kein Puls mehr zu tasten war. Er hatte überhaupt keine Ahnung, warum er an diesem Ort noch beten sollte, doch Gott hatte es ihm klar gesagt. Dick meinte später, er habe noch nie zuvor in seinem Leben so inständig und leidenschaftlich gebetet, und das, obwohl er, wie ich später erfuhr, von Natur aus ein sehr emotionaler Mensch war.

Dann begann er wieder zu singen: *„O what peace we often forfeit, o what endless pain we bear, all because we do not carry everything to God in prayer!" (Wer mag sagen und ermessen, wie viel Heil verloren geht, wenn wir nicht zu ihm uns wenden und ihn suchen im Gebet!)* Das Einzige, woran ich persönlich mich erinnern kann, ist dieses gute alte Kirchenlied *What a Friend We Have in Jesus (Welch ein Freund ist unser Jesus)*, weil ich schließlich in den Gesang mit einstimmte.

Im ersten Augenblick, als ich mein Bewusstsein wiedererlangte, fielen mir zwei Dinge auf. Das Erste war, dass ich sang – es war ein anderes Singen als die Klänge, die ich im Himmel gehört hatte. Ich hörte meine eigene Stimme, und dann bemerkte ich, dass da noch jemand war, der mit mir sang.

Das Zweite, was ich merkte, war, dass jemand meine Hand hielt. Dieser kräftige Griff war die erste körperliche Empfindung, die ich nach meiner Rückkehr auf die Erde erlebte.

Es sollte ein ganzes Jahr vergehen, bevor ich die Bedeutung dieses Händedruckes wirklich erfassen konnte.

Rückkehr zur Erde und Fahrt ins Krankenhaus

Doch sie sehnten sich nach einer besseren Heimat, nach der himmlischen, und deshalb schämt Gott sich auch nicht, ihr Gott – der Gott Abrahams, Isaaks und Jakobs – zu heißen. Er hatte ja auch schon eine Stadt für sie gebaut.
Hebräer 11,16

Ich weiß nicht, was die Rekordzeit ist, um aus einem Unfallfahrzeug herauszukriechen, aber ich schätze, dass Dick Onerecker sie an jenem Mittwochmittag sicherlich überboten haben wird. Als er hörte, wie der „Tote" auf dem Sitz anfing, mit ihm zusammen zu singen, gab es kein Halten mehr. Er wand sich aus dem zerquetschten Wrack heraus und rannte zum Rettungswagen hinüber.

„Dieser Mann dort lebt! Er ist nicht tot! Er lebt!", rief er vollkommen überwältigt.

Wer sollte ihm das abnehmen? Ein Prediger fängt an, für einen Mann zu beten, der seit eineinhalb Stunden tot ist, und dann rennt er über die Straße und ruft: „Er lebt!"

Der Sanitäter starrte ihn an.

„Er lebt! Der Tote hat angefangen, mit mir zu singen!"

Die Worte klangen nicht sehr überzeugend, wie Dick später befand, aber in diesem Augenblick konnte er nur immer wieder laut rufen: „Der Mann singt! Er lebt!"

„Tatsächlich?", meinte einer der Sanitäter lapidar.

„Wenn ich es Ihnen doch sage. Der Mann dort lebt!"

„Wir sind ausgebildete Rettungskräfte. Wir wissen, wann ein Mensch tot ist, und dieser Mann ist *tot*!"

„Aber ich sage Ihnen, dieser Mann hat gerade eben mit mir gesungen. Er lebt!"

„Der Richter ist bereits auf dem Weg hierher." Sie erklärten ihm, obwohl sie wüssten, dass ich tot wäre, könnten sie meinen Leichnam nicht bewegen, solange eine dazu befugte Person mich nicht offiziell für tot erklärt hätte. „Aber ich kann Ihnen so viel sagen: Dieser Mann dort ist tot."

Der Sanitäter wandte sich von Dick ab und weigerte sich, noch einmal zu meinem Wagen zu kommen.

Mehrere Krankenwagen waren bereits gekommen und wieder weggefahren.

Dick stellte sich nun direkt vor den letzten noch verbliebenen Krankenwagen und sagte zum Fahrer: „Dieser Mann lebt. Bitte überzeugen Sie sich doch selbst davon!"

Der Sanitäter verhielt sich so, als hätte er einen geistig Verwirrten vor sich: „Glauben Sie mir, wir verstehen etwas von unserem Beruf. Dieser Mann dort ist wirklich …"

„Passen Sie auf! Ich lege mich gleich hier auf diese Brücke, und wenn Sie nicht mitkommen wollen, dann müssen Sie mich überfahren."

„Er ist tot!"

„Bitte, bitte, so tun Sie es doch einfach trotzdem. Schauen Sie noch einmal nach dem Puls!", flehte Dick ihn an.

„Na gut, ich schaue nach, damit Sie endlich Ruhe geben," meinte der Sanitäter. Er murmelte still vor sich hin, während er zu meinem Auto hinüberging. Er hob die Plane hoch, fasste nach meinem rechten Arm … und spürte tatsächlich meinen Puls!

Sofort war alles in heller Aufregung. Sie überlegten, wie sie mich aus dem Wrack herausbekommen könnten. Sie hätten mich auf der einen Seite herausziehen können, doch nur ohne mein linkes Bein. Es steckte immer noch zwischen Armaturenbrett und Sitz fest, und um mich freizubekommen, hätten sie das Bein amputieren müssen. Es war sowieso nur noch über einen dünnen Gewebestrang mit dem Rest meines Körpers verbunden. Auch bei meinem rechten Bein bin ich mir nicht sicher, ob sie es so leicht herausbekommen hätten. Sie hätten mich sicherlich auch ohne schweres Bergungsgerät irgendwie aus dem Wagen zerren können, aber dann wäre eben nicht alles von mir mit herausgekommen. Deshalb beschlossen sie, auf die Bergungsmannschaft zu warten. Per Funk forderten sie Hilfe aus Huntsville an, das gut 50 Kilometer entfernt war.

Ich bin mir sicher, dass sie in dieser Situation alles für mich taten, was in ihrer Macht stand, aber ich kann mich an nichts erinnern. Ich spürte, dass da Leute waren, die hin und her liefen, mich berührten und redeten. Ich hörte Stimmen, aber ich konnte mir keinen Reim darauf machen, was um mich herum vor sich ging. Während dieser Zeit weigerte Dick sich zu gehen. Stattdessen zwängte er sich wieder hinter mich auf die Rückbank und betete weiter für mich, bis das Bergungsgerät eintraf. Er wich erst von meiner Seite, als sie mich in den Krankenwagen schoben. Ich erinnere mich, dass viele Sanitäter – mindestens sechs oder sieben – mich gemeinsam aus dem Auto hoben. Ich hörte, wie sie dabei über mein Bein redeten. Einer von ihnen meinte dabei, dass sie sehr vorsichtig sein müssten, damit mein linkes Bein nicht abriss.

Ich weiß noch, wie ich dachte: *Hier ist etwas ganz Schreckliches passiert, und scheinbar bin ich derjenige, dem es passiert ist.* Aber zum Glück fühlte ich mich noch immer wie schwerelos, während sie mich in den Krankenwagen hievten.

Ich habe keinerlei Erinnerung mehr an die Fahrt im Krankenwagen, doch später hörte ich, dass wir zwei Krankenhäuser anfuhren – beide nicht viel mehr als einfache Landkrankenhäuser.

„Wir können nichts für ihn tun", hörte ich einen der Ärzte sagen, die mich dort untersuchten. „Der wird nicht durchkommen. Ihr habt ihn zwar lebend aus dem Auto rausgeholt, aber das wird leider nichts nützen. Für ihn gibt es keine Hoffnung mehr."

Also schoben sie mich wieder in den Krankenwagen und fuhren weiter. Ich erinnere mich vage, wie wir beim *Huntsville Hospital* vorfuhren, einem recht großen Regionalkrankenhaus. Das war so gegen 14:30 Uhr.

Zu diesem Zeitpunkt war meine Frau von der Polizei bereits verständigt worden. Sie unterrichtete gerade, und jemand hatte an ihrer Schule angerufen, um sie über den Unfall in Kenntnis zu setzen. Auch an den Schulen, die unsere drei Kinder besuchten, hatte jemand angerufen. Glücklicherweise waren einige Leute aus unserer Gemeinde bereit, sie dort abzuholen und sich um sie zu kümmern, bis meine Frau Eva in Erfahrung gebracht hatte, was mit mir los war.

Niemand wusste, dass ich zu diesem Zeitpunkt bereits tot gewesen war. In den ersten Stunden hatte niemand eine Ahnung davon, wie schwer meine Verletzungen wirklich waren. Obwohl die Leute in unserer Gemeinde nichts über die näheren Umstände wussten, begannen sie sofort, für meine Genesung zu beten, und baten auch bei anderen Gemeinden um weitere Unterstützung im Gebet.

Erst zwei Wochen später begegnete Eva bei einem seiner Besuche im Krankenhaus Dick Onerecker und erfuhr von ihm, dass ich bei dem Unfall zunächst ums Leben gekommen war. Erst in diesem Moment wurde ihr klar, wie ernst die Lage wirklich gewesen war. In etwa um diese Zeit brachte unsere Versicherungsagentin, Ann Dillman, Bilder von dem Autowrack mit, nachdem es von der Brücke entfernt worden war. Eva berichtete mir später, dass es ziemlich lange gedauert habe, bis ihr das ganze Ausmaß des Unfalls wirklich bewusst geworden ist.

Sie meint heute, dass sie es zu Anfang vielleicht auch gar nicht habe wissen wollen, weil sie bereits mit den Anforderungen der akuten Situation alle Hände voll zu tun hatte.

Erst nach und nach bekamen meine Kinder, Angehörigen und Freunde eine wirkliche Vorstellung davon, was für ein schrecklicher Unfall sich da ereignet hatte und wie knapp ich dem Tod entronnen war.

~

Irgendwann meinte einer der Rettungssanitäter: „Wir sind da. Jetzt wird alles gut."

Ich war mir darüber bewusst, dass ich in ein Krankenhaus gebracht wurde, und ich starrte auf die vielen Leute, die Platz machten und mir nachschauten, als ich an ihnen vorbeigeschoben wurde, aber ich begriff nicht wirklich, was in diesem Moment geschah. Ihre Gesichter blickten auf mich herab, und unsere Blicke begegneten sich jeweils nur für Sekundenbruchteile.

Sie schoben mich in einen Raum, wo ein Arzt bereits auf mich wartete. So verrückt es auch ist, aber das Einzige, woran ich mich erinnere, ist die Tatsache, dass sein Kopf völlig kahl war. Er verbrachte eine ganze Weile damit, mich gründlich zu untersuchen.

Währenddessen meinte er mindestens dreimal: „Mr Piper, wir werden alles tun, um Sie zu retten." Und: „Sie sind wirklich sehr schwer verletzt, aber wir werden unser Möglichstes tun."

Wie ich später erfuhr, glaubte er nicht ernsthaft daran, dass ich durchkommen würde. Trotzdem versuchte er nach Kräften, mir Hoffnung zu geben und meinen Lebenswillen zu stärken. Während dieser Zeit schwirrten mehrere Leute um mich herum, die alle ganz offensichtlich versuchten, mich am Leben zu erhalten. Während dieser Zeit empfand ich noch immer keinerlei Schmerz. Ich war in einem Dämmerzustand, in dem ich nichts fühlte und nur vage mitbekam, was um mich her vor sich ging.

„Hier ist Ihre Frau am Telefon", meinte schließlich jemand. Ihr Anruf war zu der Notaufnahme durchgestellt worden, und eine Schwester legte mir den Hörer ans Ohr. Ich erinnere mich noch gut, dass ich mit Eva sprach, weiß aber keine Details mehr.

Eva dagegen weiß alles noch sehr genau. Sie meint, das Einzige, was ich gesagt hätte, war: „Es tut mir so leid, dass mir das passiert ist."

„Aber Don, mach dir keine Gedanken. Du kannst doch nichts dafür."

Ich meinte immer wieder nur: „Es tut mir so leid. Ich wollte doch nur nach Hause. Bitte holt mich nach Hause." Vielleicht hatte ich in mir das ganz kindliche Verlangen, wenigstens in meinem irdischen Zuhause zu sein, wenn ich schon nicht mehr in meinem himmlischen Zuhause sein konnte.

~

Ich war bewusstseinsklar genug, um mitzubekommen, dass man mich per Hubschrauber ins *Hermann Hospital Trauma Center* in Houston verlegen wollte, doch das Wetter war zu schlecht, sodass der Hubschrauber nicht fliegen konnte.

Mein Zustand verschlechterte sich zusehends, und die Mitarbeiter im Krankenhaus wussten nicht, ob ich den Nachmittag überstehen würde. Trotzdem trafen sie eine Entscheidung, die von großer Tragweite war: Sie beschlossen, mich mit dem Krankenwagen die 130 Kilometer nach Houston zu fahren. In ihrem Krankenhaus hatte man einfach nicht die nötige Ausstattung, um mir helfen zu können. Das *Hermann Hospital* war der einzige Ort, an dem ich eine Chance hatte durchzukommen.

Ein Krankenwagen fuhr vor, und dem Geruch nach zu urteilen, war es ein nagelneues Fahrzeug. Es ist wirklich erstaunlich, dass ich in meinem Zustand, in dem ich jeden Augenblick „wegdämmern" konnte, noch solche Kleinigkeiten wahrnahm.

„Sie sind unser allererster Patient", meinte der Begleiter, der neben mir saß, während wir losfuhren.

„Was?"

„Sie sind der Erste, der in diesem Krankenwagen fährt", erwiderte er. „Wir fahren Sie nach Houston. Wir versuchen dort so schnell wie möglich anzukommen."

„Wie schnell soll ich denn fahren?", fragte der Fahrer den Begleiter neben mir.

„Fahr, was das Zeug hält!"

„Wie schnell genau?", fragte er wieder.

„Drück das Gaspedal durch, bis die Wade krampft! Wir haben es verdammt eilig!"

Als wir losfuhren, war ich immer noch schmerzfrei und dämmerte zwischendurch hin und wieder einmal weg. Ich fühlte mich wie schwerelos, so als ob mein Verstand keine Verbindung zu meinem Körper hätte. Doch wir waren gerade zehn Minuten unterwegs, da spürte ich zunächst ein leichtes Pochen in meinem linken Arm. Dann fing es in meinem linken Bein an zu pochen. Schließlich setzten Kopfschmerzen ein. Innerhalb von wenigen Minuten tat es an so vielen Stellen weh, dass ich die Schmerzen gar nicht mehr lokalisieren konnte. Mein ganzer Körper raste förmlich vor Schmerz und schrie nach Erlösung.

Das volle Ausmaß des Traumas hatte mich eingeholt, und nicht eine einzige Stelle blieb von den rasenden Schmerzen verschont, die wie eine Flutwelle über mich hereinbrachen. Es fühlte sich so an, als ob jeder einzelne Teil meines Körpers durchgeprügelt worden wäre. Ich glaube, ich schrie vor Schmerzen, aber ich bin mir nicht sicher. Bei jedem Herzschlag fühlte es sich so an, als ob ein Dutzend Vorschlaghämmer auf mich einschlugen.

„Bitte, bitte! Tun Sie doch etwas!“, flehte ich schließlich. Daran erinnere ich mich noch. „Geben Sie mir irgendetwas …!“

„Ich habe Ihnen schon alles gegeben, was ich Ihnen geben kann.“

„Sie haben mir schon alles gegeben?“ Wie sollte das gehen? Wenn sie mir schon Medizin gegeben hatten, wo kamen denn dann diese Schmerzen her?

„Bitte …!“

„Ich kann es nicht riskieren, dass Sie das Bewusstsein verlieren“, meinte der Begleiter. „Sie müssen wach bleiben.“

„Bitte, so geben Sie mir doch noch etwas …!“

Ich konnte einfach nicht verstehen, warum ich wach bleiben musste. Wenn sie mich doch einfach komplett ruhig stellen würden, dann bräuchte ich den Schmerz nicht mehr zu ertragen.

„Bitte, bitte!“, flehte ich erneut.

„Es tut mir wirklich leid, aber ich kann Ihnen im Moment nichts weiter geben. Sie haben jetzt schon so viel intus, dass es die meisten Leute in ein Koma versetzen würde. Sie sind ziemlich groß, aber ich darf nicht zulassen, dass Sie mir hier bewusstlos werden.“

Ich bin mir sicher, dass ich die verbleibende Zeit dieser schrecklichen Tour ziemlich gestöhnt, gewimmert und womöglich sogar geschrien habe. Der Wagen schaukelte und schlängelte sich durch den Verkehr. Die ganze Zeit über heulte die Sirene. Diese Fahrt war die größte Tortur und der schrecklichste Albtraum meines Lebens.

Wenn ich die Augen schließe, dann spüre ich bis heute, wie der Krankenwagen rüttelte und sich in die Kurven legte und dabei über die Bordsteine polterte.

Einer der Sanitäter machte irgendwie eine Bemerkung, dass der Feierabendverkehr allmählich ziemlich dicht würde, woraus ich schloss, dass es so gegen 17:00 Uhr gewesen sein muss. Ich fragte mich, wie es denn sein konnte, dass es schon so spät war.

Die Fahrt wollte kein Ende nehmen, obwohl ich vermutlich zwischendurch vor lauter Schmerzen immer wieder einmal das Bewusstsein verlor. Schließlich erreichten wir die Notaufnahme des *Hermann Hospitals* in Houston.

Es war inzwischen 18:20 Uhr. Seit meinem Unfall waren ganze sechseinhalb Stunden vergangen.

Um diese Zeit beteten bereits Tausende von Menschen für mich. Die Nachricht wurde an Hunderte von Gemeinden weitergegeben, sodass überall für meine Genesung gebetet wurde. In den darauffolgenden Tagen breitete sich die Nachricht von meinem Unfall noch weiter aus, und noch mehr Menschen beteten. Im Laufe der Jahre bin ich vielen von diesen Betern begegnet, die seinerzeit für meine Rettung eingetreten sind. Vielleicht hat auch der eine oder andere von Ihnen, die Sie dieses Buch lesen, damals mitgebetet. Ich kann nur betonen, dass die Gebete gewirkt haben: Ich habe überlebt, und ich lebe noch heute.

Als die Sanitäter die Trage aus dem Krankenwagen hoben, erblickte ich Evas Gesicht. Neben ihr stand einer der Diakone aus unserer Gemeinde. Es kam mir ein wenig so vor, als ob sie ein entlaufenes Hundebaby anschauten. Ich war schließlich ein ziemlich armseliger Anblick. Sie waren offensichtlich völlig perplex, aber sie sagten kein Wort.

Eva starrte mich entsetzt an. Bis zu diesem Augenblick hatte ich nur eine äußerst vage Vorstellung davon gehabt, was mit mir passiert war. Ich hatte zwar entsetzliche Schmerzen, aber es war noch immer nicht völlig bis zu mir durchgedrungen, dass ich einen Autounfall gehabt hatte. Mir war nicht wirklich klar, dass mein Leben an einem seidenen Faden hing.

Doch als ich sie anschaute, sah ich das Entsetzen in ihren Augen. Vermutlich sagte sie etwas, um mich zu trösten; daran erinnere ich mich nicht mehr. Was ich jedoch nie vergessen habe, ist der Anblick ihres Gesichts, das vom Schmerz und von der Angst, mich zu verlieren, gezeichnet war.

In diesem Moment dämmerte es mir, dass es offenbar wirklich schlimm um mich stand – und so war es ja auch. Mein Brustkasten war absolut dunkelblau. Nahezu mein ganzer Körper war bandagiert. In meinem Gesicht, in meiner Brust und in meiner Kopfhaut steckten noch immer winzige Glassplitter. Ich sah, dass ganze Fetzen meiner Haut abgefallen waren und neben meinem Kopf auf der Trage lagen.

Mir wurde klar, dass ich grauenhaft aussah und dass mich in diesem Zustand wohl kaum jemand erkennen würde. So war ich recht verwundert, dass Eva überhaupt wusste, wer ich war.

Meine Schmerzen waren nicht zu beschreiben. Sobald ich in der Notaufnahme eintraf, gab mir eine der Schwestern eine Morphiumspritze. Mehrere weitere folgten, doch nichts half. Der Schmerz ließ sich einfach nicht unter Kontrolle bringen.

Kurz darauf wurde ich in den OP gebracht, wo ich die nächsten elf Stunden zubrachte. Erst die Narkose brachte mir die ersehnte Erleichterung von den Schmerzen.

Unser lieber Freund, Cliff McArdle, blieb die ganze Nacht über bei Eva. Cliff, mein bester Freund David Gentiles und ich waren seit unserem Abschluss am Predigerseminar eng miteinander befreundet und sind es bis heute geblieben.

Als ich das Bewusstsein wiedererlangte, war es Donnerstag früh. Gleich, als ich die Augen öffnete, merkte ich, dass ich offenbar der erste Patient auf einer brandneuen Intensivstation war, die soeben erst eröffnet worden war. Eine der Schwestern war damit beschäftigt, meine Wunden zu versorgen, während die andere meine Glieder einspannte. Ich spürte, wie sie Stäbe in mein Fußgelenk und meinen Arm schob. Ich hörte mich laut aufschreien.

„Wir haben ein MRT von Ihnen gemacht", meinte der Arzt. Bis zu diesem Moment hatte ich ihn gar nicht bemerkt. „Sie haben sehr schwere Verletzungen davongetragen, aber Sie haben Glück im Unglück gehabt. Sie haben keine inneren Verletzungen im Kopf- oder Thoraxbereich."

In diesem Moment war es mir eigentlich ziemlich gleichgültig, wo genau die Verletzungen waren. Überall in meinem Körper pochten unerträgliche Schmerzen. Ich hätte nie gedacht, dass ein Mensch je solche Schmerzen haben kann.

Mein einziger Wunsch in diesem Augenblick war, von diesen Schmerzen erlöst zu werden.

Als Dick Onerecker mich zwei Wochen nach dem Unfall besuchte, war ich gerade erst von der Intensivstation auf eine normale Station verlegt worden. Er erzählte mir, wie Gott ihm aufgetragen hatte, für mich zu beten, und dass er an der Unfallstelle mehrere Minuten lang für mich gebetet hatte.

„Das Gute ist, dass ich keinerlei Hirnverletzungen und auch keine inneren Verletzungen davongetragen habe", berichtete ich ihm.

Dick ginste: „Natürlich nicht. Schließlich hat Gott mir den Auftrag gegeben, für Sie zu beten, und er hat dieses Gebet beantwortet."

„Haben Sie in diesem Moment wirklich daran geglaubt? Haben Sie wirklich geglaubt, dass Gott Ihr Gebet beantworten würde?"

„Aber ja“, erwiderte er. „Ich war mir ganz sicher, dass Gott die ganzen anderen Verletzungen, die Sie sonst noch erlitten hatten, heilen würde.“

Ich brauchte einen Moment, um diesen Gedanken zu verdauen. Bei einem so massiven und schweren Zusammenprall hätte ich eigentlich innere Verletzungen davontragen müssen. Selbst der Arzt hatte ja mit großem Erstaunen angemerkt, dass ich weder Kopf- noch Thoraxverletzungen hatte.

„Ich bin mir eigentlich sicher“, meinte ich, „dass es innere Verletzungen gegeben hat, aber irgendwann zwischen dem Unfall und dem Krankenhaus sind sie wohl verschwunden.“

Dick stand mit Tränen in den Augen da und meinte: „Ich weiß. Ich wünschte nur, ich könnte immer so beten.“

Die Heilung beginnt

Wir sind Gott gegenüber voller Zuversicht, dass er uns hört, wenn wir ihn um etwas bitten, das seinem Willen entspricht. Und wenn wir wissen, dass er uns hört bei allem, was wir bitten, dann wissen wir auch, dass wir schon haben, worum wir ihn bitten.
1. Johannes 5,14–15

Der Schmerz wurde für mich zu einem ständigen Begleiter. Es begann eine sehr lange Periode, in der ich beinahe vergaß, wie es war, nicht ununterbrochen am ganzen Körper Schmerzen zu spüren.

Dennoch wurde mir schon wenige Tage nach dem Unfall klar, wie viele Wunder ich erlebt hatte. Ich spreche hier ganz bewusst von Wundern, auch wenn viele es vielleicht einfach als eine Verknüpfung von glücklichen Umständen bezeichnen würden, weil ich der Überzeugung bin, dass es bei Gott weder Unfälle noch böse Überraschungen gibt.

Erstens hatte ich meinen Sicherheitsgurt angelegt.

Zweitens geschah der Unfall auf der Brücke. Wäre ich etwas früher auf dem Damm mit dem Lkw kollidiert, dann wäre mein Auto mindestens zehn Meter weit in den See hinausgeschleudert worden, und ich wäre ertrunken.

Drittens hatte ich keinerlei Kopfverletzungen. Jeder, der mich damals gesehen oder den Arztbericht gelesen hat, bestätigte, dass es eigentlich unmöglich war, bei einem derart schweren Aufprall keine Kopfverletzungen davonzutragen. (Eva meint freilich manchmal im Scherz, sie sei sich nicht ganz sicher, ob ich nicht doch einen Dachschaden erlitten hätte.) Ebenso verblüffend war es für das medizinische Personal, das mich nach meinem Unfall versorgte, dass ich keine Verletzungen an meinen inneren Organen erlitten hatte. Dafür gab es keine medizinische Erklärung.

Viertens hatte der orthopädische Chirurg, Dr. Tom Greider, an jenem Tag gerade Dienst im *Hermann Hospital* und rettete mein Bein. Dr. Greider war *rein zufällig* einer der wenigen Spezialisten im Land, der solche extrem komplizierten Trümmerfrakturen behandelt. Er entschied sich, bei mir eine relativ neuartige Apparatur anzuwenden, die sich damals noch im Stadium der Erprobung befand, den *Fixateur externe,* auch *Ilizarov-Ringfixateur* oder einfach *Ilizarov* genannt. Die Operation fand eine Woche nach dem Unfall statt. Der in den Knochen implantierte *Ilizarov* half nicht nur, mein Bein zu erhalten, auf diese Weise war es auch möglich, meinen linken Oberschenkelknochen, von dem 12 Zentimeter fehlten, wieder zu verlängern. Der Oberschenkelknochen ist der größte Knochen im menschlichen Körper und nicht so einfach zu brechen.

Als Dr. Greider mich untersuchte, stand er vor zwei Alternativen: Er konnte entweder einen *Fixateur externe* verwenden oder das Bein amputieren. Obwohl er sich gegen eine Amputation entschied, gab es doch keinerlei Garantie dafür, dass mein Bein wirklich erhalten werden konnte. Zum damaligen Zeitpunkt war noch nicht einmal abzusehen, ob ich die Tortur überhaupt überstehen würde. Ein anderer Arzt, der nicht das Engagement und die Erfahrung eines Dr. Greider besaß, wäre unter diesen Umständen womöglich zu dem Schluss gekommen, dass sich der Aufwand nicht lohnt, weil ich ja ohnehin nicht durchkommen würde, und hätte einfach amputiert.

Fünftens hat eine große Zahl von Menschen für mich gebetet. Ich habe Tausende von Postkarten, Briefen und Gebetstelegrammen bekommen – oft von Menschen, die ich gar nicht kannte, und von Orten, an denen ich noch nie gewesen war. Ich habe immer wieder erlebt, dass Leute mir sagten, diese Erfahrung hätte ihr Gebetsleben grundlegend verändert und ihnen einen ganz neuen Glauben an die Macht des Gebetes vermittelt.

In meiner ersten Nacht im *Hermann Trauma Center* wurde ich elf Stunden lang operiert. Im Verlauf dieser Operation wurde der zertrümmerte Knochen in meinem rechten Bein wieder zusammengesetzt. Mein linker Unterarm musste rekonstruiert und stabilisiert werden, da an beiden Unterarmknochen jeweils 5 Zentimeter fehlten. An meinem linken Bein musste eine Streckvorrichtung angebracht werden, weil 12 Zentimeter des Oberschenkelknochens fehlten. Während der Operation wurde ein Beatmungsschlauch versehentlich in meinen Magen eingeführt. Dies hatte zur Folge, dass mein Magen sich aufblähte und die Lungen zusammendrückte. Erst nach Tagen stellte man fest, dass dies die Ursache für meinen geschwollenen Bauch war. Was meine Atmung zusätzlich behinderte, war die Tatsache, dass ich die ganze Zeit in einer flachen Position liegen musste. Ich bekam eine Lungenentzündung und schwebte schon bald erneut in akuter Lebensgefahr.

Angesichts der großen Zahl und des Schweregrades meiner Verletzungen wussten die behandelnden Ärzte gar nicht so recht, wo sie anfangen sollten. Einige weniger gravierende Verletzungen wurden deshalb erst nach einigen Wochen entdeckt. Und erst Jahre später wurde erkannt, dass ich bei dem Unfall auch eine Beckenfraktur erlitten hatte, die bei den Untersuchungen damals nicht entdeckt worden war.

Ich lag in meinem Bett, von Schläuchen und Infusionen gespickt, und konnte mich nicht rühren. Mein Überleben hing von den Apparaten ab, an die ich angeschlossen war. Ich konnte kaum über den Rand meiner Sauerstoffmaske schauen. In den Tagen, die ich auf der Intensivstation lag, war ich beständig in einem Dämmerzustand und verlor zwischenzeitlich immer wieder das Bewusstsein. Manchmal, wenn ich aufwachte und Leute an meinem Bett stehen sah, fragte ich mich: „Erlebe ich das hier wirklich, oder ist dies alles nur ein Produkt meiner Phantasie?“

Ich war von Monitoren umgeben, und ein *Pulsoximeter* an meinem Finger überwachte den Sauerstoffgehalt in meinem Blut. Da ich nicht genug Sauerstoff bekam, wurde ständig Alarm ausgelöst, und die Schwestern kamen herbeigeeilt.

Die Intensivstation des *Hermann Hospitals* liegt sehr nahe beim Hubschrauberlandeplatz des Krankenhauses, und so hörte ich den ganzen Tag über Hubschrauber aufsteigen und landen. In den Stunden, die ich wach lag, fühlte ich mich deshalb wie in einem Vietnam-Kriegsfilm. Es gab keine Uhr in diesem Raum, und so hatte ich jegliches Zeitgefühl verloren.

In den Betten neben mir lagen andere Patienten. Oft war nur ein Vorhang zwischen uns. In meinen wachen Momenten bekam ich mehr als einmal mit, wie Krankenhausmitarbeiter mit einer Trage an mir vorbeigingen, auf der ein zugedeckter Leichnam lag. Als Pastor wusste ich, dass viele Patienten die Intensivstation nicht lebend verlassen.

Ob ich wohl der Nächste bin?, fragte ich mich hin und wieder.

Diese Frage kam mir des Öfteren, aber die quälenden Schmerzen bewirkten, dass es mir eigentlich fast gleichgültig war. Ich wollte nur endlich schmerzfrei sein, und die Möglichkeit zu sterben verhieß eine schnelle Erlösung.

Ich hatte den Himmel erlebt, war zurückgekehrt, und nun machte ich quasi die Hölle auf Erden durch. Es sollte lange dauern, bis sich daran etwas änderte und sich meine Sicht der Dinge wieder ein wenig aufhellte.

Tag und Nacht waren Geräusche wie aus einem Albtraum zu hören. Stöhnen, Wehklagen, Hilferufe, Schreie ließen mich immer wieder aus meinem unruhigen Dämmerschlaf hochfahren.

Manchmal kam eine Krankenschwester ans Bett und fragte: „Was kann ich für Sie tun?"

„Wieso? Was ist denn?", fragte ich dann zurück. Manchmal starrte ich sie auch einfach nur völlig verwirrt an und wusste gar nicht, was los war.

„Es hörte sich eben so an, als ob Sie große Schmerzen haben."

Allerdings, dachte ich bei mir und fragte sie dann: „Woher wissen Sie das?"

„Na, Sie haben doch gerade eben geschrien."

In diesem Augenblick wurde mir klar, dass ich selbst es gewesen war, der geschrien hatte. Auslöser dafür waren oft ganz simple Dinge, wie zum Beispiel der Versuch, eine Hand oder ein Bein zu bewegen. Das Dasein auf der Intensivstation war eine einzige Tortur. Sosehr man sich auch um mich bemühte, die rasenden Schmerzen blieben.

„Gott!", rief ich oft. „Hast du mich auf die Erde zurückgeschickt, damit ich jetzt das hier erdulden muss?"

Mein Zustand verschlechterte sich zusehends. Wegen des fehlenden Knochenstückes in meinem linken Bein musste ich vollkommen flach liegen. (Das Fragment wurde nie gefunden. Offenbar wurde es aus dem Auto in den See geschleudert, als mein Bein zwischen dem Armaturenbrett und dem Sitz eingequetscht wurde.) Diese flache Liegeposition führte jedoch dazu, dass sich meine Lungen mit Flüssigkeit füllten.

Am sechsten Tag war mein Zustand so ernst, dass man meine Familie ins Krankenhaus rief, um sich von mir zu verabschieden. Ich hatte eine beidseitige Lungenentzündung, und es sah ganz danach aus, als ob ich die nächste Nacht nicht überleben würde.

Ich hatte all meine schweren Verletzungen überlebt, und nun schien es so, als sollte mir meine Lungenentzündung zum

Verhängnis werden. Der behandelnde Arzt sprach am Telefon mit Eva.

„Wir müssen jetzt sofort handeln", meinte er. „Entweder müssen wir das Bein abnehmen, oder es muss irgendetwas anderes Drastisches passieren."

„Wie drastisch?"

„Wenn wir jetzt nicht ganz bald etwas unternehmen, wird Ihr Mann die Nacht nicht überstehen."

In diesem Moment begann das Gebetswunder seine eigentliche Wirkung zu entfalten. Die Nachricht von meinem Unfall hatte sich inzwischen weit herumgesprochen, und ich wusste, dass Hunderte von Leuten für mich beteten. Dennoch schien es in diesem Augenblick so, als ob mir nicht mehr zu helfen war.

Eva rief meinen besten Freund, David Gentiles, an, der damals Pastor in San Antonio war. „Bitte komm schnell, Don braucht dich", meinte sie.

Ohne auch nur einen Moment zu zögern, ließ er alles stehen und liegen, setzte sich ins Auto und machte sich auf den Weg ins 300 Kilometer entfernte Houston, um mich zu sehen. Die Intensivschwestern erlaubten ihm, für fünf Minuten an mein Bett zu kommen.

Diese fünf Minuten änderten alles.

Ich hatte niemals eine bewusste Entscheidung getroffen, sterben zu wollen, doch wie ich so in meinem Bett lag, ohne eine realistische Aussicht auf Heilung (niemand hatte mir Hoffnungen gemacht, dass die Dinge je wieder halbwegs normal werden könnten), war mein Lebenswille einfach versiegt. Die rasenden Schmerzen schienen kein Ende nehmen zu wollen, und außerdem hatte ich den Himmel bereits erlebt. Ich sehnte mich zurück an diesen herrlichen Ort der Vollkommenheit.

„Hol mich wieder zu dir, Herr!", flehte ich. „Bitte hol mich wieder zu dir."

Die wunderbaren Erinnerungen füllten meine Gedanken, und ich sehnte mich danach, diesen Ort wieder zu erleben. „Gott! Bitte, bitte!"

Doch Gottes Antwort lautete: „Nein!"

Als David den Raum betrat, war ich durch die Schmerzen und die hoch dosierten Medikamente völlig verwirrt. Ich war so durcheinander, dass ich mich im ersten Augenblick fragte, ob ich vielleicht Halluzinationen hätte.

Dann legte er seine Hand auf meine Finger, und ich spürte seine Berührung. Ja, wirklich, es war David.

Er hielt meine Finger fest, weil dies alles war, was er greifen konnte. Ich bekam so viele Infusionen, dass an mir kaum noch intakte Venen zu finden waren. Außerdem hatte ich einen zentralen Venenkatheter, der direkt zu meinem Herzen führte. Meine zahlreichen Infusionskanülen kamen mir vor wie Soldaten, die in Reih und Glied auf mir standen. Selbst in den Venen auf meinen Fußrücken steckten Kanülen. Wenn ich an mir herunterschaute, konnte ich sie sehen. Offenbar hatte man sonst an meinem ganzen Körper keine geeigneten Venen mehr gefunden.

„Du schaffst es!", meinte David. „Du musst es einfach schaffen! Du bist schon so weit gekommen."

„Nein, ich muss nicht. Ich weiß gar nicht … ich … ich bin mir nicht einmal sicher, ob ich überhaupt will."

„Du musst es schaffen. Wenn schon nicht für dich, dann tu es für uns."

„Ich hab keine Kraft mehr", erwiderte ich. „Ich habe alles gegeben; ich kann nicht mehr." Ich hielt einen Moment inne, um ein paar Atemzüge zu machen. Selbst diese beiden Sätze hatten mich unheimlich viel Kraft gekostet.

„Du musst es einfach schaffen. Wir werden dich nicht gehen lassen."

„Wenn ich es schaffe, dann nur deshalb, weil ihr alle es wollt. Ich will nicht mehr. Ich bin müde. Ich habe alles gegeben. Ich will einfach nur noch sterben."

„Du brauchst überhaupt nichts zu tun. Wir tun es für dich."

Er schaute mich eindringlich an, und ich starrte völlig verständnislos zurück.

„Wir werden dich einfach nicht sterben lassen. Hast du verstanden, Don? Wir lassen nicht zu, dass du aufgibst."

„Lasst mich doch einfach gehen ..."

„Nein! Du wirst leben. Hörst du? Du wirst leben. Wir lassen es nicht zu, dass du stirbst."

„Wenn ich weiterlebe", meinte ich schließlich, „dann nur, weil ihr es wollt."

„Wir werden für dich beten", meinte er. Ich wusste natürlich, dass eine ganze Menge Leute für mich beteten, doch David fügte hinzu: „Wir werden die ganze Nacht durchbeten. Ich rufe jeden an, den ich kenne und von dem ich weiß, dass er beten kann. Ich möchte, dass du das weißt. Alle Leute, denen du etwas bedeutest, werden die ganze Nacht aufbleiben und für dich beten."

„Okay."

„Wir tun es für dich, Don. Du brauchst überhaupt nichts zu tun."

Es war mir eigentlich ziemlich egal, ob sie beteten oder nicht. Meine Schmerzen waren einfach unerträglich, und ich wollte sterben.

„Von jetzt an übernehmen wir die Sache. Du musst überhaupt nichts weiter tun, gar nichts, um zu überleben. Du brauchst hier nur liegen zu bleiben und die Dinge geschehen zu lassen. Wir werden dich hier durchbeten."

Er saß noch etwa eine oder zwei Minuten still neben mir. Ich glaube nicht, dass er noch irgendetwas sagte. Die Schmerzen nahmen zu – soweit dies überhaupt noch möglich war –, und ich war nicht mehr in der Lage, mich darauf zu konzentrieren, was er sagte.

„Wir übernehmen das." David küsste mich auf die Stirn und ging.

Im Anschluss an den Besuch organisierte er eine Gebetsnachtwache. Diese Nachtwache brachte den Wendepunkt in meinem Genesungsprozess, und eine Reihe von Wundern geschah.

Am nächsten Tag war meine Lungenentzündung wie weggeblasen. Sie war weggebetet. Außerdem wurde der Fehler mit dem falsch eingeführten Beatmungsschlauch entdeckt.

An diesem siebten Tag führte Dr. Greider eine weitere langwierige Operation durch, in der er den *Ringfixateur* anlegte, sodass ich mich wieder aufrecht hinsetzen und Atemtraining machen konnte. Ferner ließen sie die Luft aus meinem Magen ab, sodass die Lungen sich wieder entfalten konnten.

Normalerweise verlangen Krankenhäuser eine sechsmonatige Beratungs- und Bedenkzeit, bevor ein *Fixateur externe* angelegt werden darf. In meinem Falle konnten die Ärzte Eva keine Garantie dafür geben, dass der Einsatz dieser experimentellen Apparatur wirklich gelang. Außerdem sagten sie ihr sehr deutlich, dass das Verfahren mit großen Schmerzen verbunden sei und erhebliche psychische Belastungen mit sich brächte.

„Das Ganze ist extrem schmerzhaft, und es dauert Monate, wenn nicht Jahre, bis die Heilung abgeschlossen ist", meinte der Chirurg. Er machte auch noch einmal ganz ausdrücklich deutlich, dass es keine Erfolgsgarantie gab und dass ich mein linkes Bein am Ende womöglich trotz aller Anstrengungen doch noch verlieren würde. „Aber wenn wir diesen Weg nicht versuchen, dann bleibt uns nichts anderes übrig, als das Bein zu amputieren."

Wenn sie die Amputation vornähmen, so erläuterte er weiter, würden sie mir anschließend eine Prothese anpassen, und ich würde lernen müssen, damit zu gehen.

Eva machte sich keine Illusionen über das Ausmaß meiner Verletzung und darüber, wie lange ich diese quälenden Schmerzen noch zu erdulden haben würde. Sie wog einige Minuten lang das Für und Wider ab, betete im Stillen um Führung und meinte schließlich: „In Ordnung, ich unterschreibe die Einwilligungserklärung."

~

Als ich am nächsten Morgen nach einer weiteren zwölfstündigen Operation aufwachte, starrte ich auf eine riesige Beule in meiner Bettdecke, wo sich zuvor mein linkes Bein befunden hatte. Als ich die Decke hochhob, stockte mir fast der Atem. An meinem linken Bein war von der Hüfte an abwärts bis unterhalb des Knies ein massives Gestell mit drei Stahlringen montiert. Eine Krankenschwester kam herein und begann, an meinem Bein herumzuhantierten. Doch ich konnte mir keinen Reim darauf machen, was sie da tat.

Dann bemerkte ich Eva, die neben meinem Bett saß. „Was ist denn das?", fragte ich sie. „Was macht die Schwester denn da?"

„Darüber müssen wir noch miteinander reden", erwiderte sie. „Ich habe gestern meine Einwilligung dazu gegeben. Das ist eine Vorrichtung, die deinen Knochen wieder zum Wachsen bringt. Man nennt das einen *Fixateur externe*. Es ist die einzige Möglichkeit, wie die Ärzte dein Bein retten können", erläuterte sie. „Ich glaube, es ist das Risiko wert."

Ich bin mir nicht sicher, ob ich ihr darauf überhaupt geantwortet habe. Was gab es dazu auch zu sagen. Sie hatte nach bestem Wissen eine Entscheidung treffen müssen, und zwar ganz allein.

In diesem Moment entdeckte ich eine Reihe von dünnen Drähten, die von den kreisrunden Rahmen ausgingen. „Gehen die durch mein Bein durch?"

„Ja."

Ich schüttelte ungläubig den Kopf. „Was, die gehen quer durch mein Bein durch?"

„Das ist ein neues Verfahren. Damit versuchen sie, dein Bein zu retten."

Ich wusste nicht genug, um etwas dazu sagen zu können. Ich nickte und versuchte mich zu entspannen.

„Ich glaube, es wird klappen", meinte Eva.

Ich hoffte, dass sie recht behalten würde. Ich hatte natürlich in diesem Augenblick nicht die geringste Ahnung, dass sich mir ein knappes Jahr später immer noch derselbe Anblick bieten würde.

Schwierigkeiten und Entscheidungen

Kann uns noch irgendetwas von Christus und seiner Liebe trennen? Etwa Leiden, Angst und Verfolgung, Hunger oder Kälte, Gefahren für Leib und Leben oder gar die Hinrichtung? Es ergeht uns wirklich so, wie es in den Heiligen Schriften steht: „Weil wir zu dir, Herr, gehören, sind wir ständig in Todesgefahr. Wir werden angesehen wie Schafe, die zum Schlachten bestimmt sind."
Römer 8,35–36

Am schwierigsten war es für mich – abgesehen von meinen eigenen körperlichen Schmerzen –, die Reaktionen meiner Angehörigen und engsten Freunde erleben zu müssen. Meine Eltern leben etwa 400 Kilometer von *Houston* entfernt im Bundesstaat *Louisiana*. Trotzdem waren sie bereits am Tag nach meiner ersten Operation zur Stelle, um mich zu besuchen. Meine Mutter ist enorm belastbar, und ich dachte immer, sie könnte alles wegstecken, doch als sie mich zum ersten Mal auf der Intensivstation erblickte, brach sie ohnmächtig zusammen. Mein Vater musste sie auffangen und hinaustragen.

Da wurde mir bewusst, welch einen erschreckenden Anblick ich bot.

An die meisten Besucher in jenen ersten Tagen erinnere ich mich nur noch schemenhaft. Ich war mir nie wirklich sicher, ob die Leute, die ich sah, wirklich da waren oder ob ich nur halluzinierte. Eva und auch das Krankenhauspersonal bestätigten mir, dass ich wirklich mitunter delirierte.

Das Krankenhaus gestattete jeden Tag Besucher. Es durften jedoch jeweils immer nur sehr wenige kommen. Selbst wenn die Leute, die zu mir kamen, nichts sagten, konnte ich doch an ihren traurigen und gequälten Blicken deutlich ablesen, wie ich auf sie wirkte. Ich sage ganz bewusst ablesen, weil ich mir ziemlich sicher war, was ich in ihren Gesichtern sah. Im Rückblick bin ich mir natürlich darüber im Klaren, dass ich mich dabei auch getäuscht haben mochte. Vermutlich war ich mir so sicher, dass ich sterben würde – und ich wünschte es mir ja auch –, dass die Gesichter der anderen ein Spiegel dafür waren, wie ich mich in meiner Haut fühlte.

Ob es nun zutraf oder nicht, ich hatte das Gefühl, als würden sie mich gar nicht als ein lebendiges Individuum sehen, sondern lediglich als ein schrecklich zugerichtetes Unfallopfer, und dass sie, allen guten Wünschen und Beteuerungen zum Trotz, ohnehin meinen baldigen Tod erwarteten. Ich fragte mich, ob sie nicht einfach nur gekommen waren, um mich noch ein letztes Mal zu sehen, bevor ich meine Augen für immer schließen würde.

Obwohl die Lungenentzündung abgeheilt war, hatte ich doch immer noch mit ihren Folgen zu tun. Alle vier Stunden kamen Krankenschwestern herein, um Atemtherapie mit mir zu machen. Sie klopften mir auf die Brust und ließen mich durch eine Plastik-Atemmaske ein Aerosol inhalieren, das entsetzlich roch und einen widerlichen Geschmack im Mund hinterließ. Es sollte das Innere meiner Lungen mit einem Film überziehen, um ein Wiederaufflammen der Lungenentzündung zu verhindern und die Regeneration meiner Lungen zu fördern.

Jedes Mal, wenn sich diese Prozedur wieder ankündigte, dachte ich sogleich: *Oh nein, jetzt geht das wieder los. Jetzt muss ich wieder dieses eklige Zeug einatmen, und dann schlagen sie auf mich ein, damit sich der Schleim löst.*

So schmerzhaft dieses Verfahren auch war, es zahlte sich aus. Dr. Houchins, der leitende Arzt der Traumatologie am *Hermann Hospital,* kam mehrmals am Tag vorbei, um nach mir zu sehen. Und so raubeinig er sich am Krankenbett auch oftmals benehmen mochte, er kämpfte doch zäh wie eine Bulldogge um jeden einzelnen seiner Patienten.

Immer wieder befahl er mir zu atmen. „Nicht nachlassen! Weiter so!“ Doch das waren nicht nur leere Worte. So krank ich auch war – ich hatte immer das Gefühl, dass er mit mir zusammen an meiner Seite kämpfte.

„Nicht schlapp machen! Weiter geht's!“, sagte er häufig, um mich zu motivieren.

Oft fehlte mir jedoch einfach die Kraft zum Atmen, und ich hörte auf. Dann sah ich, wie sich sein leidendes Gesicht neben mir zu einem Wutschrei verzerrte. „Hören Sie nicht, was ich sage? Los jetzt! Atmen Sie! Husten Sie! Los!“

Meist schüttelte ich daraufhin den Kopf, denn ich hatte einfach keine Kraft mehr, noch weiter mitzumachen.

„Da gibt es überhaupt keine Diskussion. Sie atmen jetzt! Atmen Sie!“

„Ich kann nicht.“

„Na schön, lassen Sie's! Dann sterben Sie. Wenn Sie nicht mitmachen, dann sind Sie ein toter Mann. Ist das bei Ihnen da oben angekommen?“

Ich wollte nicht mehr weiterleben, aber wenn Dr. Houchins auf mich einbrüllte, dann klickte in mir irgendetwas.

Und ich atmete.

~

Während ich auf der Intensivstation lag, hatte es für eine Weile den Anschein, als ob jedes Mal, wenn ich die Augen auch nur einen Spalt weit öffnete, innerhalb von Sekunden ein Löffel vor meinem Mund auftauchte und jemand sagte: „Mund auf.“

Einmal war es eine Männerstimme.

Ich öffnete die Augen, und vor mir saß ein etwas bullig aussehender Mann. Er hob meine Sauerstoffmaske an und schob mir den Löffel vorsichtig in den Mund. „Sehr schön, nur einen kleinen Bissen!"

Ich gehorchte und schluckte, während mein vernebeltes Hirn versuchte, sich einen Reim darauf zu machen, was gerade vor sich ging.

Ganz allmählich dämmerte es mir, dass es Stan Mauldins Stimme war, die ich da hörte. Er war der sportliche Leiter und Trainer der *Yellow Jackets*, der Football-Mannschaft der *Alvin Highschool*. Während meiner Genesung wohnten unsere Töchter bei Stan und Suzan und deren beiden Töchtern. Stan Mauldin hatte gehört, dass ich beständig abnahm, weil ich nicht genug aß. (Zum damaligen Zeitpunkt hatte ich gerade erst einige Pfund abgenommen. Während der ersten sechs Wochen im Krankenhaus verlor ich jedoch insgesamt rund 20 Kilo an Körpergewicht.)

Als Stan von meiner Situation erfuhr, nahm er sich trotz seines extrem vollen Terminkalenders regelmäßig Zeit, um mich im *Hermann Hospital* zu besuchen. Er stattete mir aber nicht einfach nur einen Besuch ab, sondern er bat die Krankenschwestern gleich, ihm etwas Essen für mich zu geben. Dann setzte er sich zu mir ans Bett und wartete, bis ich aufwachte.

Sobald er merkte, dass ich ganz zu mir gekommen war, schaufelte er einen Löffel nach dem anderen mit Essen in mich hinein und erzählte dabei Neuigkeiten, während ich mich bemühte, zu kauen und zuzuhören. Diese liebevolle Geste dieses Bären von einem Mann war eine der erstaunlichsten Aufmerksamkeiten, die mir in dieser schwierigen Zeit zuteilwurden. Stan ist ein Sinnbild dafür, wie außergewöhnlich es ist, wenn Kraft und Sanftheit in einem Menschen vereint sind.

~

Als ich von dem *Fixateur externe* sprach, ist möglicherweise der Eindruck entstanden, dass es sich damals bereits um ein regelmäßig angewendetes Behandlungsverfahren handelte. Dies war jedoch mitnichten der Fall. Eva hatte eine Entscheidung zu treffen, die im Grunde niemandem ganz allein aufgebürdet werden sollte. Sie musste entscheiden, ob bei mir ein *Fixateur externe* zur Anwendung kommen sollte, ein Verfahren, das seinerzeit noch absolut im Experimentalstadium war.

Ursprünglich war diese Methode entwickelt worden, um Menschen zu behandeln, bei denen von Geburt an ein Bein verkürzt war – in Einzelfällen sogar über 25 Zentimeter –, sodass die Betreffenden auf Rollstühle oder Krücken angewiesen waren. Der *Fixateur externe* ermöglicht es den Knochen zu wachsen, ohne das umliegende Gewebe zu schädigen. Unter der Spannung des *Fixateur externe* bildet der Körper in den Zwischenräumen zwischen den bestehenden Knochenenden neues Knochengewebe.

Die Apparatur wird in Anlehnung an ihren Erfinder häufig auch als *Ilizarov-Ringfixateur* bezeichnet.

Der sibirische Arzt Dr. Ilizarov hatte seine Experimente an Schafen durchgeführt. Er suchte nach einem Verfahren, um fehlende oder von Geburt an verkürzte Knochen zu verlängern. Wenn, wie in meinem Fall, Knochengewebe fehlt, wird der vorhandene Knochen zunächst sauber durchtrennt. Dann werden dünne Stahldrähte, etwa von der Dicke einer Klaviersaite, durch die Haut und den Knochen hindurchgeführt, bis sie auf der gegenüberliegenden Seite wieder austreten.

Der *Ringfixateur* für den Oberschenkelknochen wird in Höhe der Hüfte mit bleistiftdicken Stahlstangen im Knochen verankert. Die Ärzte bohrten bei mir insgesamt vier Löcher und befestigten Stangen zwischen der Innenseite der Schenkel im Leistenbereich und der Außenseite unterhalb der Hüfte.

Insgesamt hatte ich mindestens dreißig Löcher in meinem linken Bein. Viele gingen durch mein ganzes Bein hindurch bis auf die gegenüberliegende Seite. Die dickeren führten lediglich durch Haut und Muskeln hindurch bis zu einem Anker am Oberschenkelknochen. Nach sechs Monaten konnte ich buchstäblich in die Löcher hineinschauen, die inzwischen ganz lang gezogen waren.

Jeden Tag kam jemand und stellte die Schrauben am Rahmen des *Fixateurs* nach, damit die Knochen weiterwuchsen. Die längste Zeit über waren es die Krankenschwestern. Als ich wieder zu Hause war, übernahm Eva diese Aufgabe. Es dauerte nahezu ein Jahr, bis mein Oberschenkelknochen so weit nachgewachsen war, dass er wieder die richtige Länge erreicht hatte. Der *Ilizarov-Fixateur* ist wirklich ein geniales Gerät, auch wenn die ganze Prozedur unheimlich schmerzhaft ist. Der Heilungsprozess ist mühselig und langwierig. Ich bezeichnete die Apparatur als „grauenhaftes Wunderding".

Auch durch meinen linken Oberarm gingen insgesamt sechs Stahlstäbe hindurch. Oben und unten wurden kräftige Stangen aus Edelstahl befestigt, um meinen Arm zu stabilisieren, weil beide Unterarmknochen fehlten. Die Stangen hatten etwa die Dicke von Bleistiften und ermöglichten es Dr. Greider, Knochengewebe, das er dem rechten Oberarm entnommen hatte, in meinen linken Unterarm einzupflanzen. Er erklärte mir, dass hier in etwa so verfahren würde, als würde man beim Ölbohren mit einem Kernbohrer Gesteinsproben entnehmen. Außerdem trug man von meinem rechten Bein ca. 70 Quadratzentimeter Hautgewebe ab, um die riesige Wunde an meinem linken Arm zu schließen. Zwischen die beiden neu aufgebauten Knochen im linken Unterarm wurde ein Teflonstreifen eingesetzt, damit sie nicht miteinander in Berührung kamen und zusammenwuchsen.

Unglücklicherweise gelang es am Ende aber dennoch nicht, genau dies zu verhindern. Die Knochen verheilten, aber sie verbanden sich miteinander. Infolgedessen habe ich in meinem linken Arm keine Ellen- und Speichenknochen. Mein Unterarm lässt sich also nicht drehen, und ich kann auch meine linke Hand nicht um die eigene Achse drehen. Wenn ich meinen Arm ausstrecke, dann ist meine Hand immer in einer senkrechten Position, so als wollte ich jemandem die Hand geben. Sie lässt sich auch nicht flach hinlegen.

Ich weiß, dass dies alles nach einer ziemlich barbarischen Tortur klingt, und zum damaligen Zeitpunkt empfand ich das auch so. Aber der *Ilizarov* hat seine Wirkung nicht verfehlt. Die Behandlung hat sich ausgezahlt, obwohl sie die größten Schmerzen verursacht hat, die ich in meinem ganzen Genesungsprozess zu ertragen hatte.

Allein die Stahlkonstruktion an meinem linken Bein war etwa zwölf Kilogramm schwer, und der *Ilizarov* an meinem Arm wog vermutlich noch einmal weitere acht Kilo. Ob ich im Rollstuhl saß (ca. acht Monate lang), am Gehwagen ging (drei Monate lang) oder an Krücken (noch einmal vier Monate) – ich schleppte dieses zusätzliche Gewicht ein gutes Jahr lang mit mir herum.

Können Sie sich vorstellen, welche Reaktionen ich auslöste, wo auch immer ich hinkam? Die Leute standen mit offenem Mund da und starrten mit unverhohlenem Entsetzen, wenn da plötzlich ein Mann im Rollstuhl auftauchte, der am ganzen Körper mit Stahlstäben gespickt war.

Jedes Mal, wenn ich zu einer meiner routinemäßigen Nachuntersuchungen bei Dr. Greider im Wartezimmer auftauchte, erlebte ich dieselbe Reaktion. Alle Patienten trugen Gipsverbände oder Schienen und liefen auf Krücken herum, doch wenn ich mit meinen Stahlringen und Verstrebungen auftauchte, fielen sofort alle Blicke auf mich.

Dann meinte unweigerlich jemand mit Galgenhumor: „Mann, und ich dachte, ich wäre arm dran."

Manchmal fügte jemand hinzu: „Nachdem ich Sie gesehen habe, geht es mir gleich viel besser."

Lange Zeit wurde ich zum Maßstab, an dem schwere Verletzungen gemessen wurden.

Ich meinte oft scherzhaft, ich hätte so viel Metall an mir, dass die Archäologen, wenn sie mich irgendwann einmal finden sollten, vermutlich zu dem Schluss kämen, sie hätten eine neue Art von Mensch entdeckt. Meine ganze Anatomie hat sich durch meinen Unfall grundlegend verändert.

Ich werde einen normal funktionierenden Körper nie wieder einfach so als eine Selbstverständlichkeit ansehen. Selbst die Fähigkeit, simpelste Bewegungen auszuführen, kam für mich während meines Genesungsprozesses einem Wunder gleich. Jedes Mal, wenn ich eine Fähigkeit mühsam wieder neu erlernt hatte, war dies ein enormes Erfolgserlebnis für mich.

Erst später begriff ich, was Dr. Greider geleistet hat, um meinen linken Arm und mein linkes Bein zu retten. Ich bin ihm unendlich dankbar, dass er mich nicht einfach aufgegeben hat.

Mein rechtes Knie war zertrümmert, und so war mein rechtes Bein ziemlich lange in Gips. Die Ärzte setzten eine kleine netzförmige Kappe auf meine Kniescheibe, damit die Bruchstücke richtig zusammenheilten. Mein rechter Arm war die einzige Gliedmaße an meinem Körper, die unversehrt geblieben war.

So erfolgreich die Behandlung mit dem *Ilizarov* auch verlief – ich war nie auch nur einen Moment lang schmerzfrei.

Ich weiß nicht, wie oft ich mich wohl gefragt haben mag: „Wie lange noch?"

Ich wollte endlich Klarheit, wie lange ich diese Prozedur noch ertragen musste, wie lange es noch dauern würde, bis endlich klar war, ob sich die ganze Mühe wirklich auszahlte und wann ich wieder laufen konnte.

Niemand wollte – oder konnte – mir diese Frage beantworten, und doch wurde ich nicht müde, sie zu stellen.

„Noch ein paar Monate", war die übliche Antwort.

„Wie viele Monate?", bohrte ich.

Schließlich rückte einer der Ärzte mit der Wahrheit heraus und meinte: „Es wird noch viele Monate dauern, vielleicht sogar länger."

„Sie meinen, es könnte sogar Jahre dauern?"

„Ja, das ist leider nicht auszuschließen."

„Und es gibt keine Garantie, dass ich meinen Arm und mein Bein nicht am Ende doch noch verlieren werde?"

„Nein, garantieren können wir das nicht. Es kann passieren, dass Sie sich plötzlich eine Infektion einfangen, die uns zwingt, Ihnen das Bein zu amputieren."

„Sie meinen, es könnte sein, dass diese monatelange Tortur womöglich ganz umsonst gewesen ist und ich das Bein nicht behalten kann?"

Er nickte.

Dies war natürlich nicht das, was ich gerne hören wollte. Obwohl Eva mir genau dasselbe gesagt hatte, war diese unangenehme Realität offenbar nicht ganz bis zu mir durchgedrungen. Ich wollte gerne die Sicherheit, dass es für mich eine vollständige Genesung geben würde.

Ich wollte Antworten. Mehr noch: Ich wollte gerne die volle Gewissheit haben, dass ich wieder gesund würde. Ich wollte wieder ein normales Leben führen können. Ich wollte das Krankenhaus gerne auf meinen eigenen zwei Beinen verlassen und alles wieder so haben, wie es früher einmal gewesen war. Doch niemand wollte – oder konnte – mir eine Garantie dafür geben.

Viele Monate gingen ins Land, aber irgendwann war es endlich so weit, dass ich tatsächlich zu Fuß ins Krankenhaus kam und die Schwestern zum Abschied umarmte.

Während ich den *Fixateur externe* trug, gab es immer wieder Probleme. Mehrmals kam es zu Infektionen. Jedes Mal musste ich der Möglichkeit ins Auge sehen, dass es zu einer rasanten Verschlechterung meines Zustands kommen könnte und dass ich eines Tages ohne mein Bein wieder aufwachte.

Auch nach meiner Entlassung zog ich mir Infektionen zu, sodass ich dreimal wieder stationär aufgenommen und auf die Isolierstation gelegt werden musste, wo ich massive Dosen von Antibiotika bekam, um die Infektion unter Kontrolle zu bringen.

Selbst dann noch betete ich oft in der Nacht: „Herr, bitte hol mich doch wieder zurück zu dir in den Himmel. Ich weiß nicht, warum du mich überhaupt hierher zurückgeschickt hast. Bitte lass mich nicht länger hierbleiben."

Doch die Antwort Gottes auf dieses Gebet lautete weiterhin: „Nein."

Ich kenne bis heute nicht alle Gründe für meine Rückkehr, aber in den folgenden Monaten und Jahren wurde mir ganz allmählich zumindest im Ansatz klar, warum Gott mich auf die Erde zurückgeschickt hatte.

~

Der Genesungsprozess hatte begonnen. Wie ich so Tag für Tag in meinem Bett im Krankenhaus lag, konnte ich es ganz allmählich annehmen, dass Gott mich noch hier auf der Erde haben wollte. Ich konnte mir zwar keinen Reim darauf machen, warum ich diese körperlichen Schmerzen ertragen musste, aber ich hielt mir immer wieder die Worte meines Freundes David

Gentiles vor Augen. Er und viele andere waren im Gebet für mich eingestanden. Wenn Gott ihre Gebete erhört hatte, dann musste es irgendeinen Sinn haben, dass ich noch weiterleben sollte.

In diesen Tagen, in denen ich oft in tiefsten Qualen lag, fielen mir Davids Worte immer wieder ein. Manchmal war der Gedanke, dass Gott mich weiterleben ließ, weil er damit eine gute Absicht verfolgte, das Einzige, was mir die Kraft gab, den Tag zu überstehen.

Insgesamt lag ich zwölf Tage lang auf der Intensivstation des *Hermann Hospitals*. Danach wurde ich einige Häuser weiter ins *St. Luke's Hospital* verlegt. Sie beide gehörten zu ein und demselben riesigen Krankenhauskomplex, dem größten auf der ganzen Welt. Im *St. Luke's Hospital* verbrachte ich weitere 105 Tage. Zu Hause musste ich noch einmal 13 Monate im Bett liegen und 34 Operationen über mich ergehen lassen. Ganz ohne Zweifel bin ich nur deshalb noch am Leben, weil Menschen für mich gebetet haben, angefangen mit David Onerecker bis hin zu vielen, vielen anderen im ganzen Land, von denen mir die meisten nie persönlich begegnet sind.

Dies ist womöglich das größte Wunder überhaupt: *Da waren Menschen, die für mich gebetet haben, und Gott hat ihre Gebete erhört.*

Im Rückblick wird mir bewusst, wie viele Menschen Gott benutzt hat, um mein Leben zu retten. David Onerecker wurde mir durch sein ausdauerndes Gebet zum Lebensretter. Dr. Greider rettete meinen Arm und mein Bein und brachte mich durch die erste Mammutoperation. Dr. Houchins rettete mich nach der Operation, weil er zäh und verbissen wie eine Bulldogge kämpfte, um mich am Leben zu erhalten. Und schließlich waren da die couragierten Schwestern auf der orthopädischen Station des *St. Luke's Hospitals*, die Tag und Nacht für mich da waren. Jede einzelne von ihnen spielte eine entscheidende Rolle.

Den Umstand, dass ich die Intensivstation lebend verlassen konnte, schreibe ich David Gentiles und den Betern zu, die er damals mobilisierte: „Wir übernehmen das ab sofort. Du brauchst nichts zu tun, um am Leben zu bleiben. Wir beten dich da durch."

Ich wusste, dass ich nicht sterben würde.

Das Volk Gottes ließ es nicht zu.

Schmerzen und Anpassungen

Fürchte dich nicht, ich stehe dir bei! Hab keine Angst, ich bin dein Gott! Ich mache dich stark, ich helfe dir, ich schütze dich mit meiner siegreichen Hand!
Jesaja 41,10

Auch wenn sie es nicht merkten – die vielen Besucher haben die Dinge eher verschlimmert als gebessert. Sie waren um mich besorgt und wollten ihre Anteilnahme zum Ausdruck bringen. Sie taten dies, indem sie ganz natürlich reagierten: Sie besuchten mich im Krankenhaus. Doch dies war ein Problem.

Der beständige Fluss von Besuchern führte dazu, dass ich sehr erschöpft war. Das resultierte daraus, dass ich es irgendwie nicht schaffte, einfach nur still dazuliegen und meine Besucher neben mir sitzen und auf mich einreden zu lassen. Vielleicht war es meine gewohnte Rolle als Pastor oder das Bedürfnis, meine Gäste zu unterhalten. Ich wollte auch niemanden vor den Kopf stoßen, indem ich ihn einfach bat, zu gehen und von weiteren Besuchen abzusehen.

Oft lächelte ich und plauderte mit ihnen, während ich eigentlich kurz davor stand zusammenzubrechen. Manchmal machten mir die heftigen Schmerzen dabei einen Strich durch die Rechnung. Ich schaffte es zwar nicht, ein guter Gastgeber zu sein, aber dennoch wollte ich nicht unhöflich erscheinen. Ich sagte mir immer wieder, dass sie sich doch nur um mich sorgten und sich deshalb die Mühe gemacht hatten, mich zu besuchen.

Der Strom von Freunden, Verwandten und Gemeindegliedern schien manchmal gar nicht abreißen zu wollen. Es war so, als ob die Leute vom Eingang des Krankenhauses bis zu meinem Bett Schlange stünden. Eines Tages kam Eva am Nachmittag zu mir und merkte, dass mir alles zu viel wurde. Sie schimpfte mit mir, dass ich nicht eher etwas gesagt hatte.

Sie wird sich sicherlich gedacht haben, dass ich es nicht über mich bringen konnte, den Leuten zu sagen, sie sollten doch bitte nicht wiederkommen, und so bat sie das Krankenhauspersonal, die Zahl meiner Besucher zu beschränken. Auf diese Weise wurde niemand vergrault, und ich bekam doch ein wenig mehr Ruhe.

Neben den Schmerzen und dem ständigen Besucherandrang hatte ich mit Depressionen zu kämpfen. Dies mag zu einem guten Teil eine ganz natürliche Reaktion auf das körperliche Trauma gewesen sein. Ein weiterer Teil war sicherlich auch eine Nebenwirkung der vielen starken Medikamente. Mir persönlich scheint es so, dass die ständigen quälenden Schmerzen und die Ungewissheit darüber, wie die ganze Sache ausgehen würde, eine ganz erhebliche Rolle spielten. Ich wusste einfach nicht, ob es für mich überhaupt eine Zukunft gab, auf die ich mich freuen konnte. Die meiste Zeit über wollte ich am liebsten sterben.

Warum hatte ich die Herrlichkeit des Himmels hinter mir lassen müssen, nur um ein Leben voller Schmerzen zu ertragen? Sosehr ich mich auch bemühte – ich konnte dem Dasein auf der Erde einfach nichts mehr abgewinnen. Ich wollte in den Himmel zurück.

Seit meinem Unfall ist Schmerz für mich einfach zu einem Grundtatbestand meiner Existenz geworden. Damit stehe ich sicherlich keineswegs allein. Es ist wirklich erstaunlich, dass wir Menschen es lernen können, uns auf ein Leben unter solchen Bedingungen einzustellen. Auch heute noch gibt es einige seltene Gelegenheiten, wo ich nach einem erholsamen Nachtschlaf aufwache und plötzlich merke, dass ich völlig schmerzfrei bin.

Nur in diesen Momenten wird mir überhaupt bewusst, dass ich in den übrigen 23 Stunden und 55 Minuten ständig Schmerzen habe.

~

Ich brauchte eine ganze Weile, bevor mir überhaupt klar wurde, wie sehr meine Krankheit mein ganzes inneres Befinden beeinflusste.

Ich betete, und andere beteten mit mir, doch irgendwie schlich sich allmählich ein Gefühl der Verzweiflung ein: „Lohnt sich das alles überhaupt?“ Diese Frage stellte ich mir mehrmals jeden Tag.

Die Ärzte und Schwestern bedrängten mich, ich solle doch Medikamente gegen die Depressionen nehmen, aber ich lehnte ab. Warum, weiß ich eigentlich auch nicht so recht. Vielleicht weil ich sowieso schon so viel Medizin einnahm. Es reichte einfach. Außerdem glaubte ich auch nicht, dass es mir wirklich helfen würde, noch mehr Medikamente zu nehmen.

Ich wünschte mir, ich könnte mein jammervolles Dasein einfach hinter mir lassen und sterben. Ganz offensichtlich fühlte ich mich nicht imstande, die ganze Situation auf Dauer zu ertragen. Ich weiß heute, dass ich damit ein klassischer Fall von Depression war.

Alle anderen wussten es auch.

„Möchten Sie nicht doch einmal mit einem Psychiater sprechen?“, fragte mich mein behandelnder Arzt.

„Nein“, erwiderte ich.

Einige Tage später fragte eine der Krankenschwestern: „Möchten Sie, dass ich Ihnen einen Therapeuten rufe – jemanden, mit dem Sie sich einfach mal aussprechen können?“

Wieder lehnte ich ab.

Da ich einfach mit niemandem reden wollte, kamen irgendwann „Seelenklempner mit Tarnkappe“, wie ich sie nannte, zu mir ins Zimmer geschlichen.

„Aus Ihren Akten ersehe ich, dass Sie einen schweren Unfall hinter sich haben“, meinte einer dieser Psychiater in geheimer Mission, nachdem er meine Krankengeschichte gelesen hatte. Er versuchte mich zu motivieren, über mein Befinden zu reden.

„Ich möchte nicht über den Unfall reden“, antwortete ich. Die Wahrheit ist, dass ich es gar nicht konnte. Wie sollte ich irgendjemandem verständlich machen, was mir in jenen neunzig Minuten widerfahren war, in denen ich nicht auf dieser Erde geweilt hatte? Wie sollte ich etwas so Unfassbares mit Worten beschreiben? Ich wusste einfach nicht, wie ich anderen vermitteln sollte, dass ich tatsächlich im Himmel gewesen war. Ich war mir ziemlich sicher, dass der Psychiater mich für verrückt gehalten hätte. Er wäre bestimmt zu dem Schluss gekommen, dass durch den Unfall meine geistigen Fähigkeiten irgendwie auf tragische Weise in Mitleidenschaft gezogen worden waren, dass ich unter Halluzinationen litt oder dass ich noch stärkere Medikamente bräuchte, um meine Wahnvorstellungen einzudämmen. Wie sollte ich irgendeinem Menschen begreiflich machen, dass ich eine Erfahrung gemacht hatte, die alles übertraf, was ich je in diesem irdischen Dasein erlebt hatte? Wie konnte jemand mit klarem Verstand behaupten, dass er lieber sterben würde als weiterzuleben? Ich wusste, was nach dem Tod auf mich wartete, er dagegen hatte keine Ahnung davon.

Ich hatte nicht die Absicht, einem Psychiater – oder sonst irgendjemandem – mitzuteilen, was mit mir geschehen war. Diese Erfahrung war mir einfach zu persönlich und auch zu krass, um anderen etwas davon zu erzählen. Selbst Eva, meine intimste Vertraute, mochte ich zu dem damaligen Zeitpunkt noch nicht einweihen.

Meine Zeit im Himmel war mir heilig; sie war etwas ganz Besonderes für mich. Es wäre mir wie ein Sakrileg vorgekommen, wenn ich diese kostbaren Erfahrungen vor anderen ausgebreitet hätte. Ich habe nie daran gezweifelt, dass meine Reise in den Himmel wirklich echt gewesen ist. Die Frage stellte sich für mich überhaupt nicht. Alles war so intensiv und real gewesen, dass ich es einfach nicht leugnen konnte. Das eigentliche Problem war, dass ich schlicht und einfach niemanden einweihen mochte.

Dies hielt die Psychiater natürlich nicht davon ab, weiter zu mir ins Zimmer zu kommen und mir ihre Hilfe anzubieten. Nach einer Weile verschwiegen sie mir einfach, dass sie Psychiater waren. Aus heutiger Sicht mutet es fast ein wenig amüsant an, aber die Krankenhauspsychiater waren offenbar wild entschlossen, mir zu helfen. Nachdem ich auf keines ihrer Angebote eingegangen war, kamen sie einfach nur zu mir ins Zimmer und beobachteten mich. Manchmal kamen sie herein, während eine Schwester sich gerade irgendwie an mir zu schaffen machte. Ein anderes Mal kam einer von ihnen und studierte, ohne ein Wort zu verlieren, meine Kurve. Vermutlich wartete er einfach darauf, dass ich ein Gespräch anfing.

Oft kam auch nur jemand und sagte: „Guten Tag, ich bin Dr. Jones.“ Er fühlte mir den Puls und fragte: „Wie geht es Ihrem Magen?“

Dann warf er einen prüfenden Blick auf meine Kurve und stellte mir noch ein paar Scheinfragen, bis er sich schließlich verriet, indem er zum Beispiel fragte: „Wie geht es Ihnen heute?“

„Unverändert.“

„Und wie fühlen Sie sich dabei?“ Wie auch immer sie den Ablauf des Gesprächs variierten – irgendwann kam unweigerlich diese Frage.

„Sie sind ein Psychiater, nicht wahr?“, erkundigte ich mich dann.

„Tja, äh …, ja.“

„Na schön, was wollen Sie wissen? Sie wollen wissen, ob ich deprimiert bin? Die Antwort ist: Ja, ich bin total deprimiert. Und ich möchte nicht darüber reden.“

Diese Gespräche zogen sich dann immer noch eine Weile lang hin, aber ich habe das meiste vergessen.

Obwohl ich natürlich wusste, dass Dr. Jones und seine Kollegen mir nur helfen wollten, glaubte ich doch nicht, dass es für mich wirklich Hoffnung gab. Ich hasste es, in meiner Depression zu versinken, aber ich wusste einfach nicht, was ich tun sollte.

Je länger ich in meinem Bett lag, desto mehr wuchs in mir die Überzeugung, dass es für mich einfach nichts mehr gab, auf das ich mich noch hätte freuen können. Der Himmel war der Ort vollkommener Glückseligkeit gewesen – voller Schönheit und ungetrübter Freude. Ich wollte von meinen Schmerzen erlöst sein und dorthin zurückkehren können.

„Warum sollte irgendjemand es vorziehen, hierzubleiben, nachdem er den Himmel erlebt hat?“, fragte ich Gott. „Bitte, hol mich wieder zu dir!“

Doch ich blieb weiter am Leben. Und meine Depression blieb ebenfalls.

Ich weigerte mich nicht nur, mit einem Psychiater zu reden; ich wollte überhaupt mit niemandem über irgendetwas reden. Ich wollte niemanden sehen. Es hätte mir auch nichts ausgemacht, überhaupt keinen Besuch zu bekommen – so sagte ich mir jedenfalls.

In meiner Depression wollte ich einfach nur meine Ruhe haben, um ungestört sterben zu können, ohne dass erneut irgendjemand versuchte, mich wiederzubeleben.

Außerdem war da natürlich auch noch mein Berufsethos, mein Stolz als Pastor. Es sollte nur ja niemand mitbekommen, wie schlecht es mir wirklich ging – besonders hinsichtlich meines miserablen seelischen Empfindens.

Wenn mich in dieser Zeit Leute besuchten, konnte ich quasi an ihren Gesichtern ablesen, was ihnen durch den Kopf ging. Es war gerade so, als würden sie sagen: „Du bist wirklich der bedauernswerteste Anblick, der mir je begegnet ist."

Und so war es ja auch sicherlich.

Also ging die Depression weiter. Es dauerte eine ganze Weile, bis Gott schließlich eingriff und noch ein weiteres Wunder an mir tat.

~

Bis zu meinem Unfall war ich Vater von drei Kindern, ich hatte eine wunderbare Frau, und vor mir lag eine vielversprechende Zukunft. Ich war damals gerade 38 Jahre alt, gesund und in bester körperlicher Verfassung.

Nach dem Unfall war mir bereits nach wenigen Tagen klar, dass ich nie wieder dieses Bild eines gesunden und leistungsfähigen Mannes abgeben würde, der ich bis dahin gewesen war. Auf einmal war ich vollkommen hilflos. Nichts, absolut gar nichts konnte ich mehr alleine tun, nicht einmal meine Hand heben. Tief in meinem Inneren plagte mich die quälende Sorge, ich könnte von nun an für den Rest meines Lebens auf die Hilfe anderer Menschen angewiesen sein.

Eine gute Illustration dafür sind die ersten zwölf Tage im Krankenhaus, in denen ich praktisch keinerlei Stuhlgang hatte. Da man befürchtete, dass es irgendwann zu Vergiftungserscheinungen kommen würde, bekam ich einen Einlauf, jedoch ohne durchschlagenden Erfolg.

Wenn ich *ohne durchschlagenden Erfolg* sage, dann meine ich, dass ich ein winziges Häufchen produzierte, woraufhin die Leute vom Pflegepersonal mir voller Freude zulächelten.

Eines Tages hatte ich wieder eine winzige Menge herausgebracht.

„Na, das ist ja wunderbar!", meinte die Schwester. „Wie schön für Sie. Lassen Sie uns doch noch einen Moment warten. Vielleicht kommt ja noch mehr."

In meiner Depression dachte ich: *Das ist wirklich die jammervollste Erfahrung, die ich je in meinem ganzen Leben gemacht habe. Ich bin wie ein Baby, wo alle schon ganz glücklich sind, wenn nur ein winziges Häuflein im Töpfchen ist.*

Ich weiß nicht mehr, was ich der Pflegehelferin gesagt habe, aber ich bin mir ziemlich sicher, dass es nicht sehr nett war.

Sie verließ den Raum, sodass ich einmal für einen kurzen Augenblick ohne Besucher war. Ich war ganz alleine und freute mich darüber, meine Ruhe zu haben. Doch wenige Minuten nachdem die Schwester gegangen war, begann das Klistier auf einmal zu wirken. Ich explodierte förmlich. Ich glaube, ich habe noch niemals zuvor mit einer derartigen Urgewalt abgeführt. Der Gestank war einfach nicht zum Aushalten.

Verzweifelt drückte ich den Rufknopf, und sofort kam die Schwesternhelferin erneut ins Zimmer gespurtet.

„Es tut mir so leid. Ich habe es wirklich nicht mit Absicht gemacht", entschuldigte ich mich. „Ich helfe Ihnen auch, die Schweinerei sauber zu machen."

Ich hatte die Worte kaum ausgesprochen, da wurde mir bewusst, dass ich ihr überhaupt nicht helfen konnte. Ich fühlte mich einfach schrecklich, vollkommen hilflos, eine einzige Last. Ich fing an zu weinen.

„Aber nicht doch! Bitte machen Sie sich keine Gedanken. Wir sind ja so froh, dass es endlich raus ist. Das ist ein gutes

Zeichen. Es zeigt, dass Ihr Körper wieder anfängt, normal zu arbeiten."

Zutiefst gedemütigt lag ich da und konnte nur untätig zusehen, wie die arme junge Frau die ganze Drecksarbeit alleine machen musste. Es dauerte mindestens eine halbe Stunde, bis sie endlich alles beseitigt hatte, und noch einmal doppelt so lange, bis der Gestank sich verzogen hatte.

Das Gefühl der Peinlichkeit wollte einfach nicht von mir weichen, auch wenn mein Verstand versuchte, mich vom Gegenteil zu überzeugen. Ich hatte kaum Nahrung zu mir genommen, und dies war wirklich ein riesiger Durchbruch für mich. Trotzdem konnte ich mich nicht daran freuen. Für mich war es einfach nur das Beschämendste, was ich je in meinem ganzen Leben erlebt hatte.

So schrecklich es auch für mich war – solche Erfahrungen der Hilflosigkeit blieben noch eine ganze Weile lang meine täglichen Begleiter. Ich brauchte die Urinflasche, ich konnte mir den Hintern nicht abwischen, ich konnte mich nicht selbst rasieren. Ich konnte mir noch nicht einmal die Haare waschen. Um dies zu tun, brachte das Pflegepersonal eine spezielle Wanne herbei, in die sie meinen Kopf hineinlegten. Das Schmutzwasser lief anschließend durch einen Schlauch in einen Abwasserbehälter.

Einen ganz besonderen Liebesdienst erwies mir Carol Benefield, meine langjährige Friseurin. Sie kam in jener Zeit mehrmals ins Krankenhaus, um mir die Haare zu schneiden. Für die Fahrt – hin und zurück waren es immerhin knapp 100 Kilometer – wollte sie keinen Cent.

Durch die Fürsorge von Freunden, Angehörigen und Pflegekräften war für alle meine körperlichen Bedürfnisse gesorgt. Dennoch fühlte ich mich in alledem vollkommen hilflos. Mein rechter Arm, der nicht gebrochen war, war über und über mit

Infusionsnadeln gespickt, sodass man ihn sogar geschient hatte, damit ich ihn nicht beugen konnte.

Überall waren Infusionen angehängt, vom Brustkorb bis hinunter zum Fußrücken. Man hatte mir einen Schlauch durch den Brustkorb bis zum Herzen geschoben. Viele meiner Venen waren eingefallen. Ich war so vollkommen bewegungsunfähig, dass man mich mithilfe von Ketten hochhieven musste, um mein Bett frisch zu beziehen oder andere Verrichtungen durchzuführen, die es erforderlich machten, mich irgendwie zu bewegen.

Ich nahm rasant ab, was den Ärzten mächtig Kopfzerbrechen bereitete. Ich konnte einfach nichts zu mir nehmen, und so fingen meine Muskeln allmählich an zu verkümmern. In den knapp vier Monaten, die ich im Krankenhaus lag, büßte ich über 27 Kilo an Körpergewicht ein. Vor dem Unfall hatte ich 97 Kilo gewogen, bei meiner Entlassung waren es gerade noch 69. Mein Gewicht konnten sie nur feststellen, indem sie mich wie ein Baby aus dem Bett hoben und wogen.

Wegen dieses hohen Gewichtsverlustes versuchten sie alles, um mich zum Essen zu bewegen. Sie brachten mir sogar meine Lieblingsspeisen, in der Hoffnung, dass ich der Versuchung nicht widerstehen könnte und zugreifen würde, doch nichts schmeckte mir. Allein schon der Geruch von Essen war mir zuwider. Ich hatte einfach keinen Appetit. Ich versuchte zu essen, ich gab mir wirklich alle Mühe, aber mehr als ein paar Bissen brachte ich einfach nicht herunter.

Ich nahm an, dass meine Depressionen mich vom Essen abhielten, obwohl ich mir da letztlich nicht so ganz sicher bin. Ich weiß nur, dass ich einfach nichts kauen konnte, sosehr ich es auch versuchte. Selbst das Herunterschlucken fiel mir schwer.

Wegen der starken Schmerzen wurde ich an eine Morphiumpumpe angeschlossen, sodass ich, wenn der Schmerz überhandnahm, nur einen Knopf drückte, um mir eine Dosis zu spritzen. Ich brauchte ununterbrochen Schmerzmittel. Zuerst sträubte ich mich dagegen, so viele Schmerzmedikamente zu nehmen, aber der Arzt redete mir ins Gewissen. Er meinte, durch den Schmerz würde mein Körper sich verspannen, wodurch wiederum meine Heilung verzögert würde.

Zur Nacht bekam ich weitere Medikamente, um mir beim Schlafen zu helfen. Doch sosehr sie sich auch bemühten – nichts half. Alle Maßnahmen, die sie ausprobierten, um mir das Schlafen zu erleichtern, blieben wirkungslos – keine Schlaftabletten, keine Schmerzspritzen, keine zusätzlichen Morphiumdosen. Ich konnte mich einfach nicht in eine entspannte Position bringen, und der Schmerz ließ nie so weit nach, dass ich wirklich Ruhe fand.

Ich versuchte das immer etwa so zu verdeutlichen: „Stell dir vor, du liegst auf dem Rücken im Bett, mit Eisenstangen im Arm und Drähten im Bein. Du kannst dich nicht umdrehen. Wenn du deinen Oberkörper nur um ein paar Zentimeter verschieben willst, musst du nach einem Griff fassen, der an einem galgenförmigen Gestänge über dir hängt. Schon beim Ansatz eines Versuchs jagen Wellen von Schmerz durch deinen ganzen Körper, die sich wie Messerstiche anfühlen. Du bist einfach vollkommen bewegungsunfähig."

Da ich durch das ständige Liegen auf einem Fleck wunde Stellen bekam, gab man mir schließlich eine spezielle Matratze, die dafür sorgte, dass das Gewicht nicht mehr immer auf denselben Stellen ruhte. Auf diese Weise konnte das Problem des Wundliegens behoben werden.

Mein Zimmer verließ ich nur, wenn ich zum Röntgen auf eine andere Station gefahren wurde. Dies war immer ein Abenteuer. Wegen der vielen Metallteile und allem, was sonst noch so an mir hing, hatten sie dort immer ziemliche Mühe, mich in eine geeignete Position zu bringen. Keines der Röntgengeräte war für einen Fall wie den meinen konzipiert, und so mussten immer drei bis vier Helfer in Bleischutzanzügen mit mir im Raum bleiben, um das Aufnahmegerät und die Platten so zu halten, dass die Stahlverstrebungen, die an meinen Gliedern montiert waren, die Aufnahme nicht störten.

Dies bedeutete auch, dass ich an manchen Tagen zwei bis drei Stunden im Röntgenlabor zubrachte, während die MTAs grübelten, wie sie mich so röntgen konnten, dass die Ärzte ein aussagefähiges Bild bekamen, wie das Knochenwachstum verlief. So einen komplizierten Fall wie mich hatten sie bis dahin noch nicht erlebt.

Wenn ich zum Röntgen abgeholt wurde, dann hieß es immer: „Wir machen jetzt einen kleinen Spaziergang auf dem Flur."

Mehr brauchten sie nicht zu sagen, weil ich sofort wusste, was gemeint war. Um mich ein wenig abzulenken, während ich auf der Liege die endlosen Flure entlanggefahren wurde, machte ich ein Spielchen. Ich versuchte im Lochraster der Deckenplatten Muster zu entdecken. Angefangen hatte ich damit nach meiner ersten OP. Vermutlich war ich noch im Narkoserausch, aber ich erinnere mich noch gut daran. Die Intensivstation war eben erst eröffnet worden, und ich war der einzige Patient. Ich stöhnte vor Schmerzen, als sie mich hereinfuhren. Dann erblickte ich die Deckenplatten, und während ich sie anstarrte, schien es so, als ob sie ineinanderliefen, und zwar nach einem Muster, das ich irgendwie nicht so recht nachvollziehen konnte. In meiner Fantasie entstanden Bilder und Figuren.

Ich erinnere mich noch gut daran, wie ich mir dachte: *Jetzt verlierst du den Verstand.* Trotzdem konnte ich einfach nicht mit diesem Spiel aufhören. Irgendwann wurde es für mich zu einer willkommenen Ablenkung, denn endlich einmal war meine

Aufmerksamkeit von etwas anderem als meinen Schmerzen in den Bann gezogen.

Die schlimmste Tortur war immer das Reinigen der Löcher um die Stahldrähte herum. Alle Schwestern der orthopädischen Chirurgie im 20. Stock des *St. Luke's Hospitals* mussten diese Prozedur erst erlernen. Weil die Haut nicht mit dem Draht verkleben sollte, wie es manchmal geschah, mussten verklebte Stellen wieder gelöst werden. Anschließend arbeitete die Schwester Wasserstoffperoxid in jedes einzelne Loch hinein, um Infektionen vorzubeugen. Ich konnte mir kaum eine schlimmere Tortur vorstellen, aber leider musste ich sie jeden Tag durchstehen.

Doch damit nicht genug. Viermal täglich, pünktlich alle sechs Stunden, kamen sie mit einer Zange und zogen die Schrauben am *Ilizarov* nach. Sinn der Übung war es, die Knochenenden im Inneren meines Beins auseinanderzuziehen und den Knochen auf diese Weise dazu zu bringen nachzuwachsen, um den Spalt auszufüllen. Obwohl die Schraube jeweils nur ein winziges Stückchen weitergedreht wurde, etwa einen halben Millimeter, waren die Schmerzen kaum zu beschreiben. Es spielte keine Rolle, ob es Tag oder Nacht war – alle sechs Stunden kam jemand zu mir ins Zimmer, um an den Schrauben zu drehen.

Als Pastor hatte ich schon viele Krankenbesuche gemacht, auch auf der Intensivstation. Ich hatte die schmerzverzerrten Gesichter gesehen, und oft hatte ich mir voller Mitgefühl auf die Lippe gebissen. Doch diese Prozedur, die ich hier tagtäglich zu ertragen hatte, verursachte Schmerzen, wie ich sie nie zuvor für möglich gehalten hätte.

Das Schlimmste war jedoch die Tatsache, dass ich niemals wirklich schlief. Elfeinhalb Monate lang konnte ich nie einfach so einschlafen – ich nickte immer nur vor Erschöpfung ein. Selbst maximale Mengen von Morphium nahmen den Schmerz nie völlig weg. Wenn das Pflegepersonal den Eindruck hatte, dass es für mich Zeit zum Schlafen wäre, kam eine Schwester und gab mir drei bis vier Spritzen Morphium und ein Schlafmittel. Dann lag ich im Bett, und sosehr ich auch versuchte, mir gut zuzureden, mich doch endlich zu entspannen – es wollte mir einfach nicht gelingen. Ich kämpfte gegen den Schmerz an, bis ich irgendwann in einen Erschöpfungsschlaf fiel. Doch bereits im ersten wachen Moment brachen die unerträglichen Schmerzen mit aller Gewalt wieder über mich herein.

Nach einiger Zeit gaben meine Angehörigen und selbst das Krankenhauspersonal es schließlich auf, mich zum Schlafen zu bringen. Sie sahen ein, dass mein Körper einfach keine innere Uhr mehr besaß. Ich hatte keinerlei Zeitgefühl, und ich konnte keine Ruhe finden, weil mein Körper ständig in Anspannung war. Wann immer ich versuchte, mich irgendwie zu rühren, übte ich Druck auf die Drähte aus, die sich durch mein Fleisch und meine Knochen zogen. Ich konnte mich bewegen, aber die Drähte blieben starr. Selbst die kleinste Bewegung löste rasende Schmerzen aus, die sich wie Schockwellen durch meinen ganzen Körper hindurchzogen.

Mit der Zeit lernte ich es, irgendwie damit zu leben, doch ich konnte mich nie daran gewöhnen.

~

Die erste Person, die ich kennenlernte (wir sind uns allerdings nie persönlich begegnet), an der der *Ilizarov-Fixateur* zu seinem eigentlichen ursprünglichen Zweck angewandt wurde, ist Christy. Zunächst war dieses Verfahren ja entwickelt worden, um bei Menschen mit angeborenen Wachstumsstörungen Knochen zu verlängern. Das Gerät konnte jedoch erst zum Einsatz kommen, nachdem das natürliche Knochenwachstum abgeschlossen war. Insbesondere während der Adoleszenz wachsen die Knochen ja oft in einem rasanten Tempo. Der Zeitpunkt, an dem die Behandlung begonnen wird, muss also mit Bedacht gewählt werden.

Christy war ein Mädchen im Teenageralter, das im Zimmer nebenan lag. Eines ihrer Beine war von Geburt an kürzer als das andere. Und als bei ihr das Knochenwachstum abgeschlossen war, entschloss sie sich, das verkürzte Bein mithilfe des *Ilizarov*-Verfahrens so weit verlängern zu lassen, dass beide Beine eine normale Länge hatten.

Da Christy sich freiwillig für die Operation entschieden hatte, war ihr vorher zumindest im Ansatz klar, was da an Schmerzen auf sie zukam und wie langwierig der Genesungsprozess sein würde. Über mehrere Monate hinweg wurde sie auf die Operation vorbereitet, und die Familie lernte, wie die Wunden versorgt werden mussten. Sie wussten in etwa, wie lange alles dauern würde und was für eine Verpflichtung sie damit auf sich nahmen.

Der Unterschied zwischen Christy und mir bestand darin, dass sie eine Ahnung davon hatte, was ihr bevorstand – soweit dies überhaupt möglich ist. Als ich wieder zu mir kam, war der *Ilizarov* bereits montiert. Dies führte dazu, dass meine Depressionen noch schlimmer wurden, als sie an sich schon gewesen wären. Obwohl mir klar war, dass das Ganze nur dazu diente, mein Bein zu retten, war es in meinen Augen am Ende doch vor allem eines: die Hauptursache für die schreckliche Tortur, die ich zu erdulden hatte.

Weil hin und wieder in meinem oder in Christys Zimmer die Zange zum Verstellen der Schrauben fehlte, musste das Pflegepersonal des Öfteren beim jeweils anderen nach Ersatz suchen. Auf diese Weise erfuhr ich von Christy. Wir haben einander nie persönlich kennengelernt, nur die Ärzte, die den Leidensgenossen im Zimmer nebenan behandelten. Auf diese Weise, und natürlich durch die gemeinsamen Schwierigkeiten, entstand irgendwie ein Gefühl der inneren Verbundenheit zwischen uns.

Es gab noch etwas, das Christy und ich miteinander teilten: die Schmerzen. Oft hörte ich sie nebenan schreien. Dann wieder war es lediglich ein leises Seufzen und Stöhnen. Sie wiederum wird vermutlich ähnliche Geräusche aus meinem Zimmer vernommen haben, obwohl es mir nicht liegt, laute Schreie von mir zu geben. Eine der Schwestern meinte, dass es mir vielleicht besser ginge, wenn ich meinen Empfindungen einfach einmal freien Lauf ließe und laut losschrie. Damit mag sie nicht ganz Unrecht gehabt haben. Trotzdem brachte ich es nicht über mich – zumindest nicht bewusst.

Solange ich die bewusste Kontrolle über mich hatte, habe ich nie geschrien. Ich hatte mitbekommen, wie andere vor Schmerzen schrien, und ihr Schreien hat mich immer sehr verstört. Außerdem hatte ich es gelernt, meine Gefühle und Schmerzen für mich zu behalten. Damals stand ich auf dem Standpunkt, dass Klagen, Stöhnen und Wehgeschrei niemandem nützen. Wenn ich geschrien habe, dann nur, wenn ich bewusstlos war oder wenn ich von den Medikamenten so benommen war, dass ich die Kontrolle über mich verlor. Ich weiß, dass es diese Momente auch gab, weil andere es mir erzählt haben.

Obwohl Christy und ich einander in jenen zwölf Wochen, die wir Tür an Tür lagen, nie zu Gesicht bekamen, schickten wir einander Briefe, und die Schwestern übernahmen nur zu gerne die Rolle des Briefträgers.

Ich versuchte Christy aufzumuntern. Sie erzählte mir ihre Geschichte und nahm selbst rege Anteil, als sie von meinem Unfall erfuhr. Sie war ebenfalls gläubig, und so konnten wir auch diese Ebene miteinander teilen.

In den schlimmsten Augenblicken, in denen ich im Selbstmitleid versank, musste ich daran denken, dass Christy das

Krankenhaus am Ende als eine ganz normale junge Frau verlassen konnte. Ich dagegen würde nie wieder ganz normal sein. Sie konnte spielen und rennen und all die Dinge tun, die man als Teenager tut, während mir bereits zum damaligen Zeitpunkt klar war, dass ich nie wieder würde rennen können.

Es gab sehr viele solche Momente des Selbstmitleids, in denen mir deutlich vor Augen stand, dass Christy ihr Leiden selbst gewählt hatte. Über mich dagegen war es plötzlich und völlig unvermittelt hereingebrochen, ohne dass ich irgendeine Wahl gehabt hätte. Sie hatte von vornherein gewusst, worauf sie sich einließ, ich dagegen hatte keine Ahnung gehabt. Sie tat etwas, wovon sie ihr ganzes Leben lang profitieren würde, bei mir dagegen ging es einzig und allein darum, mir ein Weiterleben zu ermöglichen. Es gab viele Tage, an denen ich von tiefstem Selbstmitleid erfüllt war.

Dennoch stand mir eines immer vor Augen: Gott hatte entschieden, dass ich weiterleben sollte. Selbst in meinen schlimmsten Augenblicken der Depression und des Selbstmitleids konnte ich diese Realität nie vergessen.

Christy und ich teilten ein und dasselbe Leid miteinander. Und wir teilten denselben Glauben, der uns immer wieder daran erinnerte, dass unser liebender Vater auch in den dunkelsten Momenten des Leidens bei uns ist. Allein die Tatsache, dass sie im Zimmer nebenan lag, war ein immenser Trost für mich, weil ich wusste: Ich bin nicht der Einzige; es gibt hier jemanden, der mich versteht.

Damals kam mir zum ersten Mal der Gedanke, dass ich Teil einer kleinen, exklusiven Verbindung war. In den Jahren seit meiner Entlassung aus dem Krankenhaus bin ich einer Reihe von Mitgliedern dieser winzigen, nicht immer ganz freiwilligen Gemeinschaft begegnet. Weil ich aus eigener Erfahrung weiß, wie sich dieses Leiden anfühlt, kann ich ihre Schmerzen nachempfinden, so wie Christy mit mir mitfühlen konnte und ich mit ihr.

~

Doch ich hielt durch, und am Ende war ich imstande, etwas zu tun, von dem die Ärzte nie geglaubt hätten, dass ich es jemals wieder können würde: Ich lernte wieder zu laufen. Ich kann wieder auf meinen eigenen Beinen stehen, einen Fuß vor den anderen setzen und gehen.

Man hatte mich gewarnt, dass ich wegen des zertrümmerten rechten Knies und dem fehlenden Oberschenkelknochen (selbst dann, wenn er wieder nachgebildet werden konnte) nie wieder in der Lage sein würde zu laufen, und wenn doch, dann würde ich Metallstützen brauchen. Mehr als einmal stand ich kurz davor, mein linkes Bein doch noch zu verlieren, aber irgendwie hat Gott mich immer wieder durch alle Krisen hindurchgeführt.

Die Krankengymnastik an meinem Arm begann vier Wochen nach der Operation, die für mein linkes Bein folgte weitere zwei Wochen später.

Etwa zur selben Zeit bekam ich ein spezielles Bett, das ich immer als Frankenstein-Bett bezeichnete. Ich wurde an einem breiten Brett festgeschnallt, und dieses Brett wurde so hochgestellt, dass ich in einer aufrecht stehenden Position war und meine Füße den Boden berührten, obwohl ich am Bett festgebunden war. Rechts und links von mir stand jeweils ein Krankengymnast. Sie banden mir einen breiten Gurt um die Hüfte und fingen an, Schritte mit mir zu gehen. Die Muskeln in meinen Beinen waren zusammengeschrumpft und extrem geschwächt, sodass ich beim Gehen Hilfe brauchte. Es dauerte Tage, bis ich überhaupt wieder stehen konnte. Ich bekam Gewichte an die Beine, weil mein Gleichgewichtssinn durch das ständige Liegen völlig durcheinandergekommen war. Jedes Mal wenn sie mich aufrecht hinstellten, wurde mir schrecklich schwindelig. Es vergingen Tage, bis ich mich wieder einigermaßen an diese aufrechte Körperhaltung gewöhnt hatte und meine ersten Gehversuche machen konnte.

Richtig zu gehen, lernte ich eigentlich erst nach meiner Entlassung aus dem Krankenhaus. Ein Krankengymnast kam jeden zweiten Tag zur Behandlung zu uns nach Hause. Es dauerte sechs Monate, bis ich es wieder gelernt hatte, aus eigener Kraft mehr als ein paar kleine Schritte zu tun.

Elfeinhalb Monate nach meinem Unfall wurde der *Ilizarov-Fixateur* wieder entfernt. Danach konnte ich mit dem Gehwagen und schließlich am Stock laufen. Und erst eineinhalb Jahre nach dem Unfall konnte ich wieder ganz ohne Beinstützen und Stock gehen.

Der Unfall hatte sich im Januar 1989 ereignet. Im Mai wurde der *Fixateur externe*, den ich am Arm getragen hatte, wieder entfernt. Es wurden jedoch an beiden Unterarmknochen Stahlplatten montiert, die noch mehrere Monate lang in meinem Arm verbleiben mussten.

Ende November wurde der *Fixateur* am linken Bein entfernt. Danach musste ich noch lange einen Gips tragen, und auch am Oberschenkelknochen wurde eine Stahlplatte montiert, die ich insgesamt neun Jahre lang behalten musste. Von mir aus hätte ich sie auch für immer behalten, doch irgendwann meinte der Arzt, es wäre nun an der Zeit, sie wieder herauszunehmen. Er erklärte mir, wenn ich älter würde, könnte es leicht passieren, dass der Knochen brüchig würde, weil die ganze Last auf der Stahlplatte liegt. Ich lernte dadurch, dass unsere Knochen nur durch Druck und Spannung belastbar bleiben.

In den Jahren, in denen ich den *Fixateur* hatte und später die Metallplatten am Knochen mit mir herumtrug, ging bei der

Sicherheitskontrolle am Flughafen immer an sämtlichen Metalldetektoren im Umkreis der Alarm los. Anstatt durch den üblichen Torbogen zu gehen, sagte ich dem Sicherheitspersonal immer gleich vorweg: „Ich habe mehr rostfreien Stahl in meinem Körper, als ihr zu Hause Besteck in der Schublade habt."

Dann tasteten sie mich mit dem Detektorstab ab und lächelten: „Das kann man wohl sagen."

Meine Kinder bezeichneten mich immer voller Stolz als „Robopastor", in Anlehnung an den Titelhelden im Film *Robocop*, einen Polizisten, der nach einem schrecklichen Unglück von den Ärzten mit viel Metall und Hightech-Ersatzteilen wieder zusammengeflickt wird und dann seinen Kampf gegen die Verbrecherwelt fortsetzt.

So barbarisch die Stäbe und Drähte auch ausgesehen haben mögen – sie funktionierten. Die Leute starrten mich immer voller Entsetzen an, wenn sie sahen, dass die Drähte durch Haut und Fleisch hindurchgingen. Heute sind genau dieselben Leute völlig verblüfft, wenn sie sehen, wie beweglich ich inzwischen wieder geworden bin. Doch unter dieser dünnen Kruste der Normalität bin ich noch immer dabei, mich beständig neu anzupassen. Der Prozess meiner Genesung ist keineswegs abgeschlossen.

Anpassungen ohne Ende

Ein Freund steht allezeit zu dir, auch in Notzeiten hilft er dir wie ein Bruder.
Sprüche 17,17

Es ist erstaunlich, wie unterschiedlich Menschen nach dem Unfall reagierten. Einige Freunde und Mitglieder der *South Park Church* besuchten mich bereits in den ersten fünf Tagen im Krankenhaus. Viele weitere kamen nach der Gebetsnacht, die David Gentiles angeregt hatte. Sie nahmen an jedem Schritt auf meinem Genesungsweg regen Anteil und freuten sich über jeden noch so kleinen Fortschritt. In meinen Augen dagegen ging es so langsam voran, dass ich ständig von akuten Depressionen geplagt wurde. Nach meiner Verlegung von der Intensivstation musste ich noch weitere 105 Tage im Krankenhaus zubringen, und dabei handelte es sich nur um meinen ersten Krankenhausaufenthalt. Ich vermute mal, dass in einer solchen Situation jeder mit Depressionen zu kämpfen hätte.

In den Monaten meiner Genesung gab sich die Gemeinde alle Mühe, mir das Gefühl zu nehmen, auf dem Abstellgleis gelandet zu sein. Sie karrten einen ganzen Kleinbus voller Kinder zu mir, die mich besuchten. Mitunter wurden sogar Ausschusssitzungen zu mir ins Krankenzimmer verlegt – als hätte ich in meiner Situation irgendwelche Entscheidungen treffen können. Sie wussten natürlich, dass ich nicht wirklich Anteil nehmen konnte, doch auf diese Weise wollten sie mir Mut machen. Sie scheuten keine Mühe, um mir zu signalisieren, wie wichtig ich ihnen war und dass ich gebraucht wurde.

Trotzdem war ich die meiste Zeit über deprimiert und voller Selbstmitleid. Ich sehnte mich danach, in den Himmel zurückkehren zu können.

~

Zusätzlich zu meinen Depressionen hatte ich noch ein weiteres Problem: Ich hatte große Mühe, irgendetwas von anderen Menschen anzunehmen. Dies ist einfach mein Wesen.

Eines Tages kam Jay B. Perkins zu mir zu Besuch. Vor seiner Pensionierung hatte er in mehreren Gemeinden im Süden von Texas als Pastor gedient. Für mich war er als Pastor eine wichtige Vaterfigur. Und die *South Park*-Gemeinde stellte ihn während meiner Abwesenheit als Vertretung für mich ein.

Jay besuchte mich treu und regelmäßig, manchmal zwei- bis dreimal pro Woche. Für ihn bedeutete dies hin und zurück jeweils über 120 Kilometer Autofahrt. Ich war in dieser Zeit kein besonders anregender Gesprächspartner, aber sobald er in mein Zimmer kam, ging ein Lächeln über mein Gesicht. Ich lag in meinem Bett und bedauerte mich selbst, und er saß da und sprach sanft und liebevoll, stets bemüht, irgendwie die richtigen Worte zu finden, um mich zu ermutigen, doch nichts half. An ihm lag es freilich nicht. Niemand konnte mir helfen. Es war nicht nur so, dass ich mich selbst schrecklich fühlte, später erfuhr ich, dass ich jeden, der zu mir kam, dazu brachte, sich ebenfalls schrecklich zu fühlen.

Meine Besucher versuchten mir zu helfen, und viele von ihnen waren wirklich aufrichtig bemüht, mir etwas Gutes zu tun.

„Soll ich dir eine Zeitschrift besorgen?“, fragte der eine.

„Hättest du vielleicht Lust auf einen Milchshake? In der Eingangshalle ist ein McDonald’s. Oder soll ich dir lieber einen Hamburger holen, oder …“

„Soll ich dir ein wenig aus der Bibel vorlesen? Oder aus einem anderen Buch?“

„Gibt es irgendeine Besorgung, die ich für dich machen könnte?“

Meine Antwort lautete immer gleich: „Nein, danke.“

Ich glaube nicht einmal, dass ich irgendwie barsch und abweisend war, aber ich war auch nicht gerade freundlich und aufgeschlossen. Es war mir gar nicht bewusst, wie negativ ich die Leute behandelte. Ich wollte einfach niemanden sehen; ich wollte mit niemandem reden; ich wollte einfach nur, dass meine Schmerzen aufhörten und dass meine entstellenden Verletzungen verschwanden. Wenn ich schon auf der Erde bleiben musste, dann sollte es mir wenigstens wieder gut gehen, damit ich mein Leben ganz normal weiterleben konnte.

Weil Jay mich so oft besuchte, merkte er, wie unzugänglich ich für meine Angehörigen und Freunde war. Eines Tages saß er neben mir am Bett, als einer der Diakone unserer Gemeinde zu Besuch kam.

Nach zehn Minuten stand der Besucher wieder auf und meinte: „Tja, ich wollte nur vorbeikommen und nach dir sehen.“ Dann kam die unvermeidliche Frage: „Kann ich vielleicht noch irgendetwas tun, bevor ich gehe?“

„Nein, vielen Dank. Danke für das Angebot, aber …“

„Soll ich dir noch etwas zu essen besorgen? Ich könnte schnell nach unten gehen und …“

„Nein, wirklich nicht. Danke, dass du gekommen bist.“

Er verabschiedete sich und ging.

Jay saß einige Minuten lang still da. Schließlich stand er auf, beugte sich zu mir herunter und sagte: „Du musst dich ein bisschen zusammenreißen.“

„Was meinst du damit?“, fragte ich ihn voller Respekt, wie es sich einem alten Pastor von 80 Jahren gegenüber gehört.

„Du musst dich zusammenreißen", wiederholte er. „Du lässt dich einfach zu sehr gehen."

„Ich verstehe nicht, was …"

„Nebenbei bemerkt", meinte er und kam mir noch ein Stück näher, sodass ich nicht wegschauen konnte. „Nebenbei bemerkt: Du bist ein unbeschreiblicher Heuchler."

„Ich weiß ehrlich nicht, was du meinst."

„Diese Leute sorgen sich so sehr um dich. Du machst dir überhaupt keine Vorstellung, wie sehr sie dich lieben."

„Das weiß ich."

„Wirklich? Du gibst dir aber nicht gerade sehr viel Mühe, ihnen zu zeigen, dass du dir dessen bewusst bist. Die Art und Weise, wie du sie behandelst, ist einfach nicht richtig. Sie können dich nicht gesund machen. Wenn sie es könnten, dann würden sie es gewiss tun. Viele von ihnen würden sogar mit dir tauschen, wenn es möglich wäre. Worum du sie auch bittest – was auch immer es sei –, sie würden nicht einen Moment zögern, dir deinen Wunsch zu erfüllen."

„Ich weiß …"

„Aber du gibst ihnen ja gar nicht die Möglichkeit, irgendetwas für dich zu tun."

„Wenn ich doch gar nicht *möchte*, dass sie etwas für mich tun." Und dann platzte es aus mir heraus: „Eigentlich wäre es mir am liebsten, sie würden gar nicht erst kommen. Das ändert gar nichts. Ich mag es nicht, den Leuten zur Last zu fallen. Bestimmt haben sie etwas Besseres zu tun. Ich weiß doch, wie die Dinge in Wirklichkeit aussehen. Warum sollte irgendjemand das Bedürfnis haben, hierherzukommen und mich in diesem Zustand zu sehen? So ein grauenhafter Anblick! So ein Häufchen Elend!"

„Wer hat dir gesagt, dass du immer stark sein musst?"

Ich starrte ihn ganz verdutzt an.

„Du hast einen Großteil deines Lebens damit zugebracht, anderen Menschen zu dienen und ihnen zu helfen, auch in schwierigen Zeiten und Lebenskrisen und …"

„Ich habe es zumindest versucht …"

„Und jetzt willst du es nicht zulassen, dass eben diese Menschen genau dasselbe auch für dich tun." Den Satz, der nun folgte, werde ich nie vergessen: *„Don, es ist doch das Einzige, was diese Menschen im Moment überhaupt für dich tun können, und du beraubst sie dieser Möglichkeit."*

Doch ich war noch nicht bereit, mich geschlagen zu geben. Ich protestierte und versuchte mich zu rechtfertigen. Er unterbrach mich erneut.

„Du willst dir von diesen Menschen einfach nicht helfen lassen. Sie tun es doch, weil sie ein ehrliches Bedürfnis dazu haben. Warum begreifst du das denn nicht?"

Ich konnte seine Worte noch nicht wirklich in ihrer ganzen Tragweite erfassen, doch ich pflichtete ihm bei: „Ich bin ja auch sehr dankbar, und ich weiß, dass sie mir helfen wollen. Das ist ja auch alles wunderbar, aber …"

„Nichts aber! Du betrügst sie um die Möglichkeit, ihre Liebe zu dir zum Ausdruck zu bringen."

Ich war völlig geschockt. Ich dachte immer, dass es selbstlos von mir wäre, wenn ich ihnen nicht zur Last fallen und keine Unannehmlichkeiten bereiten wollte. Doch in diesem Augenblick drangen seine Worte bis zu meinem Gewissen durch. In Wirklichkeit war ich sogar sehr selbstsüchtig. Meine Haltung war ein Ausdruck von Stolz, doch das konnte ich mir zu diesem Zeitpunkt noch nicht eingestehen. Ich verstand es zwar, anderen großzügig zu geben, aber ich war zu stolz, mich ebenfalls großzügig beschenken zu lassen.

Jay war jedoch noch nicht fertig mit mir. Schließlich konnte ich ihm ja auch nicht davonrennen. Er legte noch nach und machte mir deutlich, wie sehr ich mich gegen alle abschottete. Ich fand immer noch Ausflüchte, aber Jay ließ nicht locker.

„Ich möchte, dass du dir von diesen Leuten helfen lässt. Hörst du? Du wirst ihnen gefälligst erlauben, dir zu helfen!“, schimpfte er.

„Ich kann nicht. Ich kann es einfach nicht.“

„Okay, Don. Wenn du es nicht um deinetwillen kannst, dann tu es wenigstens für *mich*“, meinte er.

Er wusste, dass es kaum etwas gab, was ich für ihn nicht getan hätte. Ich nickte.

„Das nächste Mal, wenn jemand hier auftaucht und dir irgendeinen Gefallen anbietet, egal, was es ist, dann möchte ich, dass du Ja sagst. Vielleicht klappt es nicht gleich jedes Mal, aber ich möchte, dass du wenigstens mit einem oder zwei Leuten anfängst. Ich möchte, dass du ein paar Leuten die Möglichkeit gibst, dir ihre Liebe praktisch zum Ausdruck zu bringen. Versprich mir, dass du es tust.“

„Ich weiß nicht, ob ich das hinkriege.“

„Doch, das schaffst du.“

„Ich will's versuchen, aber es entspricht mir einfach nicht.“

„Dann musst du dich eben ändern.“ Er schaute mich mit stechenden Augen an. „Tu es!“

Aus heutiger Sicht staune ich darüber, welch eine Geduld Jay mit mir hatte. Seine Stimme wurde wieder ganz sanft, und er meinte: „Versuch's einfach – mir zuliebe. Du musst an dir arbeiten. Im Augenblick bist du an dieser Stelle einfach noch weit zurück. Dies ist einer der Bereiche, in denen Gott dir etwas beibringen möchte. Die Schmerzen werden dich noch eine ganze Weile begleiten. Wenn du dich weiterhin weigerst, Hilfe anzunehmen, dann wird dir die Zeit noch viel länger vorkommen, als sie sowieso schon ist.“

„Okay“, meinte ich schließlich und gab mich geschlagen.

Ich versprach es ihm. Ich glaube nicht, dass er gegangen wäre, wenn ich es nicht getan hätte.

Im ersten Moment war ich ziemlich verärgert, vielleicht sogar ein wenig wütend. Ich fand, dass er eine Grenze überschritten hatte, aber ich sagte nichts. Nachdem er gegangen war, dachte ich über die Dinge nach, die er mir gesagt hatte. Als mein Ärger verflogen war und ich endlich über den Schatten meines Egos springen konnte, merkte ich, dass er recht hatte. Genau dies war die Wahrheit, die ich hören musste.

Zwei Tage vergingen, doch ich schaffte es einfach nicht zu tun, worum er mich gebeten hatte.

Am dritten Tag tauchte jemand aus der Gemeinde auf, um mich zu besuchen. Er begrüßte mich und blieb insgesamt etwa fünf Minuten.

„Ich wollte einfach nur kurz vorbeischauen und sehen, wie es dir geht“, meinte er zum Schluss. „Gut siehst du aus.“

Ich lächelte freundlich. Eigentlich sah ich schrecklich aus, aber ich wollte nicht mit ihm streiten.

Dann erhob er sich, um zu gehen: „Gibt es irgendetwas, was ich für dich tun könnte, bevor ich mich auf den Weg mache?“

Ich war bereits drauf und dran, mein übliches Sprüchlein zu sagen: „Nein, vielen Dank.“ Dann jedoch stand Jay plötzlich vor meinem inneren Auge. „Tja“, meinte ich, „ich würde mich freuen, wenn du mir vielleicht eine Zeitschrift besorgen könntest, damit ich etwas zum Lesen habe.“

„Ach!“ Sein Gesicht erstrahlte. „Wirklich?“

„Ja, ich habe schon eine ganze Weile lang keine mehr gehabt.“

„Bin gleich wieder zurück.“ Bevor ich ihm sagen konnte, was ich gerne haben wollte, war er bereits wie der Blitz zur Tür hinaus verschwunden. Wir waren im 21. Stock, und der Zeitschriftenkiosk war im Erdgeschoss, aber es schien mir so, als ob er kaum eine Minute brauchte. Als er wieder auftauchte, hatte er einen ganzen Stapel Zeitschriften mitgebracht. Er strahlte immer noch über das ganze Gesicht, als er mir die Titelseiten einzeln zeigte.

Ich bedankte mich. „Ich werde sie ein bisschen später lesen."

Er legte sie auf dem Tisch ab und lächelte. „Kann ich noch etwas für dich tun?"

„Nein, nein, das ist alles, was ich im Moment brauche. Vielen Dank."

Nachdem ich die Tür erst einmal einen Spalt geöffnet und jemandem die Möglichkeit gegeben hatte, etwas für mich zu tun, merkte ich, dass es gar nicht so schwer war. Nachdem er gegangen war, begann ich, die Hefte durchzublättern. Ich las jedoch gar nicht richtig, weil ich immer noch darüber nachdenken musste, was soeben geschehen war.

Jay hatte recht gehabt. Ich hatte die Leute, die mich besuchten, wirklich der Möglichkeit beraubt, mir ihre Liebe und Fürsorge zum Ausdruck zu bringen.

Etwa eine knappe Dreiviertelstunde später kam eine Frau aus der Singlegruppe vorbei, um mich zu besuchen, und das übliche Ritual wiederholte sich. Wir wechselten ein paar Worte: „Wie geht es Ihnen denn so?"

„Ganz gut."

„Tja, gibt es vielleicht irgendetwas, das ich Ihnen besorgen könnte?"

„Nein, ich … ich, äh …" Wieder fiel mir ein, was Jay mir gesagt hatte, und ich riss mich zusammen. „Vielleicht einen Erdbeer-Milchshake."

„Einen Erdbeer-Milchshake? Aber gerne. Es freut mich, dass ich Ihnen etwas Gutes tun kann."

Ich glaube nicht, dass ich diese Frau jemals zuvor so glücklich lächeln gesehen hatte.

„Möchten Sie sonst noch etwas? Vielleicht ein paar Pommes frites?"

„Nein, danke."

Sie eilte zur Tür hinaus und kam mit dem Erdbeer-Milchshake zurück und überreichte ihn mir mit den Worten: „Lieber Herr Pastor, ich wünsche Ihnen, dass Sie den so richtig genießen können."

„Ganz bestimmt", erwiderte ich. „Ich bin ein großer Liebhaber von Erdbeer-Milchshakes."

Später stellte ich mir vor, wie die Leute aus der Gemeinde draußen auf dem Flur stehen und sich darüber austauschen, was jeder von ihnen für mich hatte tun können. „Er hat mich gebeten, ihm einen Erdbeer-Milchshake zu bringen."

„Und ich konnte eine Besorgung für ihn machen."

Erst da wurde mir bewusst, wie sehr ich danebengelegen hatte. Ich hatte all diese Leute und auch mich selbst um so vieles gebracht. Indem ich um ihretwillen den Starken spielte, hatte ich sie um die Gelegenheit betrogen, mir wirkliche Kraft zu geben. Ich erkannte meine Schuld, weil ich nun – endlich – sah, welch ein Geschenk sie mir hier machten.

Ich schämte mich so sehr, dass mir spontan die Tränen kamen. *Dies war die Aufgabe, die Gott ihnen anvertraut hatte*, dachte ich, *und ich habe alles verdorben*. Ich fühlte mich so schrecklich, weil ich ihnen nicht erlaubt hatte, mir zu helfen. Als ich schließlich doch anfing, mich für sie zu öffnen, konnte ich sehen, wie ihre Gesichter erstrahlten und wie sie sich auf einmal ganz anders bewegten. Sie freuten sich riesig darüber. Alles, was meine Freunde und Bekannten sich wünschten, war die Gelegenheit, etwas für mich zu tun, und genau die gab ich ihnen nun endlich.

„Du musst dich zusammenreißen." In den nächsten Stunden hallte diese liebevolle Ermahnung von Jay in mir nach, und ich konnte gar nicht mehr aufhören zu weinen. Ich weiß nicht, wie lange es gedauert hat, aber mir kam es so vor, als ob es Stunden waren, bis sich in mir die Erkenntnis Bahn brach, dass Gott mir vergeben hatte. Ich hatte meine Lektion gelernt.

~

Es gibt sicherlich nicht viele Menschen, die mir in meiner damaligen Situation so mutig entgegengetreten wären, wie Jay es tat. Diese Erfahrung veränderte meine Einstellung grundlegend. Auch heute – Jahre später – fällt es mir noch immer nicht leicht, Hilfe von anderen anzunehmen, doch inzwischen ist die Tür wenigstens nicht mehr fest verriegelt, sondern angelehnt.

Wenn ich emotional durchhänge oder körperlich erschöpft bin, dann neige ich auch heute noch dazu, Leute, die mir ihre Hilfe anbieten, zurückzuweisen oder so zu tun, als schaffe ich alles alleine. Doch welch ein Unterschied ist es, wenn ich mich öffne und anderen die Gelegenheit gebe, mir mit ihren Gaben zu dienen. Dann leuchten die Gesichter, so als ob sie sagen wollten: „Das darf ich wirklich für dich tun?"

Ich hatte immer gedacht, meine Weigerung, Hilfe anzunehmen, käme schlicht und einfach daher, dass ich niemandem zur Last fallen wollte. Aber die anderen freuten sich darüber, dass ich ihnen nun endlich die Möglichkeit gab, mir zu helfen.

Für diese Lektion, meine Hilfsbedürftigkeit anzunehmen und einzugestehen, bin ich unendlich dankbar. Ich bin dankbar für diese Zeit, in der ich völlig hilflos in meinem Krankenbett lag, denn dadurch war ich endlich gezwungen, diese Lektion zu lernen.

~

Irgendjemand brachte mir als Geschenk ein kleines Schild mit einem Bibelvers ins Krankenhaus mit. Zuerst dachte ich, es wäre vielleicht ein Scherz, denn auf dem Schild stand Psalm 46,11: „‚Macht Frieden!', ruft er. ‚Erkennt, dass ich Gott bin!'" Vielleicht war es als eine Art Trost gemeint. Ich war mir nicht ganz sicher, ob die betreffende Person, die mir dieses Geschenk mitbrachte (ich habe überhaupt keine Erinnerung mehr daran, wer es war), sich darüber im Klaren war, dass mir überhaupt nichts anderes übrig blieb, als stille zu sein.

Dennoch war dies genau die Botschaft, die ich in diesem Augenblick gebraucht hatte; es hatte nur sehr lange gedauert, bis ich es begriffen hatte.

Es gingen einige Wochen ins Land, bis ich erkannte, dass ich in der Tat – innerlich – still werden und Gott vertrauen musste und dass er sehr wohl wusste, was er gerade tat. Es war tatsächlich ein Vers für mich, auch wenn ich ihn mir selbst nicht ausgesucht hätte.

Gott zwang mich dazu, still zu sein. Ich bin von Natur aus nicht sehr in mich gekehrt, doch mit der Zeit änderte sich dies. Es blieb mir gar nichts anderes übrig. Was konnte ich schon tun, außer dazuliegen und mich selbst zu bemitleiden? Je länger ich in meinem Bett lag, desto mehr konnte ich mich in meinem Inneren auf die Stille Gottes einlassen.

Eva fand eine sehr schön gearbeitete Tafel mit diesem Vers in Goldgravur und schenkte sie mir. Sie steht in meinem Büro in der Gemeinde, und jedes Mal, wenn ich von meinem Schreibtisch aufschaue, fällt mein Blick darauf.

Dreizehn Monate lang musste ich auf dem Rücken liegen, bevor ich wieder in der Lage war, mich auf die Seite zu drehen. Dies war einer der schönsten Augenblicke in meinem ganzen Genesungsprozess. Ich weiß noch, wie ich laut seufzte und sagte: „Ahh, ich hatte schon ganz vergessen, wie gut das tut!"

Im Laufe meines langen Genesungsweges habe ich sehr viel über mich selbst gelernt, über meine Einstellungen und über mein wirkliches Wesen. Vieles, was ich in dieser Zeit an Don Piper entdeckte, behagte mir überhaupt nicht. Doch leider hielt sich meine Depression recht hartnäckig in dieser Zeit der erzwungenen Inaktivität. Sie war so beständig präsent, dass ich mich schon fragte, ob ich sie wohl jemals wieder loswerden würde. Dann aber tat Gott ein weiteres Wunder an mir.

Noch mehr Wunder

Den Herrn will ich preisen zu jeder Zeit,
nie will ich aufhören, ihm zu danken.
Was er getan hat, will ich rühmen.
Hört es, ihr Unterdrückten, und freut euch!
Preist mit mir die Taten des Herrn;
lasst uns gemeinsam seinen Namen ehren!
Ich wandte mich an den Herrn, und er antwortete mir;
er befreite mich von allen meinen Ängsten.
Psalm 34,2–5

Mitunter wurden die Depressionen so erdrückend, dass ich kaum noch Kraft zum Atmen hatte. Es war beinahe so wie in der Zeit auf der Intensivstation, als ich Atemgymnastik bekommen musste, weil meine Lungen kollabiert waren. Diesmal waren es jedoch nicht meine Lungen, sondern mein Geist, der kollabiert war. Es gibt kaum etwas, das den menschlichen Geist so entkräftet wie Hoffnungslosigkeit. Wochen-, ja, monatelang gab es niemanden, der mir überhaupt sagen konnte, ob die Dinge für mich jemals wieder halbwegs normal werden würden. So kam es, dass ich mehr und mehr in eine handfeste Depression abglitt.

Mein Körper begann allmählich, von seinen schweren Verletzungen zu heilen, doch auch mein Geist hatte schwere Verletzungen davongetragen, die ebenfalls der Heilung bedurften. Damals kam mir dazu folgender Gedanke: Das griechische Wort für „Geist“ ist *pneuma*. Dasselbe Wort kann auch „Wind“ oder „Atem“ bedeuten. Und es ist auch der Ursprung, auf den der medizinische Begriff Pneumonie (Lungenentzündung) zurückgeht. So, wie es nötig war, dass meine Lungen sich wieder entfalten konnten, um meine Pneumonie zu überwinden, so brauchte ich den Atem Gottes, damit mein Geist von der Depression heilen konnte.

Ich weiß gar nicht mehr, wann ich mir der Depression bewusst wurde. In den ersten paar Wochen nach meiner Operation litt ich so sehr unter meinen ständigen Schmerzen, dass ich überhaupt keinen klaren Gedanken fassen konnte.

Außerdem hatte ich in diesen Wochen sehr stark mit Wut zu kämpfen. Meine Wut richtete sich nicht gegen Gott, obwohl ich mir oft die Frage stellte, warum Gott mich auf die Erde zurückgeschickt hatte und warum ich diese unsäglichen Schmerzen ertragen musste. Doch selbst die Schmerzen waren in meinen Augen nicht das eigentliche Problem. Sie waren vom ersten Moment im Krankenhaus an mein ständiger Begleiter gewesen. Wie viele andere auch, so habe ich gelernt, mich mit dieser Realität zu arrangieren. Womit ich zu kämpfen hatte, ist die Tatsache, dass ich die Majestät und Herrlichkeit des Himmels erlebt habe und doch wieder auf die Erde zurückkehren musste. In meinen schwachen Momenten rang ich damit, warum Gott mich in einer so grausigen Verfassung wieder auf die Erde zurückgeschickt hatte. Es gibt viele Menschen, die noch schlimmere Schmerzen ertragen müssen als ich, doch kaum jemand – wenn überhaupt – hatte zuvor je den Himmel erlebt.

Meine Wut richtete sich hauptsächlich gegen das Klinikpersonal. Dies liegt vermutlich daran, dass sie immer da waren. Tief in meinem Inneren kochte ich vor Wut, gegen mich selbst und gegen die Leute vom Krankenhaus. Warum ging meine Heilung nicht schneller voran? Ihnen lastete ich an, dass es mit mir nicht zügiger bergauf ging. In den Momenten, in denen ich die Dinge ein wenig rationaler betrachten konnte, wusste ich natürlich, dass sie alles taten, was in ihrer Macht stand. Obwohl ich oft gereizt und voller Feindseligkeit war – was ihnen sicherlich nicht entgangen sein wird –, taten sie hingebungsvoll ihre Arbeit und versuchten beständig, mich zu ermutigen.

Ich jedoch wollte keine Ermutigung, ich wollte Ergebnisse. Ich wollte wieder gesund werden. Warum konnten die Dinge nicht einfach wieder so sein, wie sie vor dem Unfall gewesen waren? Ich wollte wieder alleine laufen können. Ich wollte nicht mehr rund um die Uhr auf die Hilfe von anderen angewiesen sein.

Die Mitarbeiter im Krankenhaus wollten mir keine konkreten Antworten geben, und auch dies löste wieder neue Wellen des Zorns in mir aus. In der Rückschau muss ich sagen, dass sie mir sicherlich so klar Auskunft gaben, wie sie nur konnten, doch ich war eben ein absolut außergewöhnlicher Fall. Niemand konnte meine Heilungsaussichten vorhersagen. In den ersten Wochen war es ja noch nicht einmal sicher, ob ich überhaupt durchkommen würde, geschweige denn, wie das Endresultat meines Genesungsprozesses aussehen würde.

Ich wurde richtiggehend paranoid. Es war mir klar, dass meine Anklagen und Verdächtigungen völlig irrational waren, wenn ich mehr Aufmerksamkeit verlangte und noch mehr Medikamente gegen die Schmerzen forderte. Mir konnte man einfach nichts recht machen. Alles ging mir viel zu langsam. Es dauerte zu lange, bis jemand kam, wenn ich den Rufknopf drückte. Niemand gab mir klare Auskünfte.

„Wie lange werde ich diesen *Fixateur* tragen müssen?“, fragte ich nahezu jeden Mitarbeiter, der zu mir ins Zimmer kam.

„Ich weiß es nicht“, war die übliche Antwort.

„Aber ich brauche doch wenigstens einen Anhaltspunkt“, meinte ich schließlich.

„Lange, sehr lange.“ Mehr war aus den Schwestern und Ärzten einfach nicht herauszubekommen.

Ab und an wollte ich es einfach genauer wissen, und so drängte ich den Arzt, sich etwas deutlicher zu fassen.

„Wochen, Monate", erwiderte er. „Wir können Ihnen leider nichts Näheres sagen, weil wir es selbst nicht wissen. Wenn ich es wüsste, würde ich es Ihnen sagen."

Der gesunde Menschenverstand sagte mir, dass sie ihr Bestes taten, aber in dieser Zeit war mein gesunder Menschenverstand ziemlich angeschlagen. Zum einen hatte ich ständig heftigste Schmerzen, zum anderen stand ich die ganze Zeit unter dem Einfluss von Mammutdosen an Medikamenten, aber ich war sicherlich kein angenehmer Patient. Anstatt mich ins Unvermeidliche zu fügen, beschäftigte ich mich ununterbrochen mit meinen Fragen: „Warum sagen sie mir nichts? Was wissen sie, das sie vor mir verbergen? Die verheimlichen mir doch etwas, und ich habe ein Recht darauf, die ganze Wahrheit zu erfahren."

Oft lag ich nachts schlaflos in meinem Bett und war fest davon überzeugt, dass die Schwestern sich gegen mich verschworen hatten. Die vernünftige Frage, warum sie dies wohl tun sollten, kam mir überhaupt nicht in den Sinn.

„Warum sagen sie mir dann nichts?", rumorte es in mir, während ich in meinem Bett lag. „Was könnten sie mir denn antun, das noch schmerzhafter wäre als dies?"

Die Antwort lautete: nichts. Zusätzlich zum Wundschmerz durch meine Verletzungen hatte ich auch Schmerzen zu erdulden, die aus der Behandlung resultierten. Zum Beispiel entnahmen sie Knochenstücke von meinem rechten Hüftknochen und pflanzten sie in meinen linken Arm ein. Der 15 cm lange Schnitt wurde mit Metallklammern verschlossen. Ich erinnere mich noch an den Tag, an dem die Klammern wieder gezogen wurden. Während sie eine Klammer nach der anderen aus meiner Haut entfernten, stöhnte ich vor Schmerzen und musste sehr an mich halten, um nicht einfach laut loszuschreien. Ich konnte mich nicht erinnern, jemals so etwas Schmerzhaftes erlebt zu haben. Aber man vergisst eben leicht, welche Qualen unser Körper wegstecken kann.

Die arme Krankenschwester, die die Klammern zog, machte nach jeder einzelnen eine Pause. An ihren Augen sah ich, dass es ihr sehr schwerfiel, mir derart wehzutun. Sie wusste, wie schmerzhaft diese Prozedur war. Sie war eine stattliche Frau, die mich immer sehr sanft und rücksichtsvoll behandelte.

„Es tut mir so leid, Herr Pastor", meinte sie mitleidig.

„Ich weiß", murmelte ich. „Sie können es ja auch nicht ändern." Einen Moment lang war ich wieder in meine gewohnte Rolle als Pastor geschlüpft und versuchte, sie zu trösten. Ich wollte nicht, dass sie sich Vorwürfe machte, weil ich solche Qualen durchlitt.

„Herr Pastor, warum lassen Sie nicht einfach mal Ihren Schmerz heraus? Schreien Sie doch ruhig."

„Das würde auch nichts ändern."

„Ich an Ihrer Stelle würde den Schmerz herausschreien."

„Das glaube ich Ihnen", meinte ich, und es regte sich sogar eine Spur von Humor. „Und am Ende sind die Patienten im ganzen Haus hellwach."

Ich konnte es mir einfach nicht zugestehen, laut loszuschreien. Vielleicht hatte ich Angst, die Kontrolle über mich zu verlieren. Vielleicht war es auch die Sorge, sie und andere könnten mich am Ende womöglich als Schwächling ansehen. Ich bin mir bis heute nicht ganz sicher, was der Grund für meine Zurückhaltung war. Ich wusste nur, dass ich nicht so schreien konnte, wie andere auf der Station es taten. Aus einigen Zimmern hörte man häufig, wie Patienten vor Schmerzen schrien. Aber ich selbst konnte mich einfach nicht so gehen lassen. Stattdessen hielt ich die Luft an, und manchmal brach mir der kalte Schweiß aus, aber ich verkniff es mir, laut zu werden.

Obwohl mir sehr wohl bewusst ist, dass ich kein einfacher Patient war, weder in medizinischer Hinsicht noch was meine Haltungen anbelangte, wurde ich doch von allen Pflegekräften auf der orthopädischen Station immer sehr freundlich und einfühlsam behandelt. Mit der Zeit wuchs in mir eine tiefe Wertschätzung, ja Bewunderung für ihr großes Engagement und ihre stets zuvorkommende Art. Umgekehrt schienen auch sie etwas für mich übrigzuhaben. Ich weiß, dass das Pflegepersonal oft ein Auge zudrückte, wenn zu jeder Tages- und Nachtzeit wohlmeinende Leute auftauchten, um mich zu besuchen.

Der schönste Moment war jedoch der Tag meiner Entlassung nach 105 Tagen im *St. Luke's Hospital*. Offenbar hatten sie dafür gesorgt, dass Pflegekräfte von anderen Stationen kurzfristig für sie einsprangen, denn alle Schwestern und Pfleger von meiner Station begleiteten mich, als ich mit dem Aufzug hinuntergefahren und in den Krankenwagen verladen wurde. Es war ein besonderer Moment für mich, beim Abschied von all diesen Menschen umringt zu sein, die mich über Monate hinweg gefüttert, gewaschen, gepflegt und mit Medikamenten versorgt hatten. Gott allein weiß, was sie für mich getan haben.

Es war so, als ob sie mir sagen wollten: „Wir haben unser Möglichstes getan. Jetzt musst du sehen, dass du wieder auf die Beine kommst, und dann kommst du uns besuchen."

Ich kann nur im Ansatz ermessen, wie gewaltig für sie der Kontrast gewesen sein muss zwischen diesem Moment meiner Entlassung und dem Tag meiner Ankunft, an dem mein Leben am seidenen Faden gehangen hatte.

~

Obwohl ich mich hartnäckig weigerte, meine Emotionen zu zeigen, bewirkten die langen Monate, die ich unter heftigsten

Schmerzen zu leiden hatte, dass meine Entschlossenheit allmählich zerbröselte. Ich brach in Tränen aus. Ich fühlte mich wertlos, zerschlagen und vollkommen nutzlos. Ich war innerlich fest davon überzeugt, dass es niemals bergauf gehen würde.

„Gott! Warum muss das nur so sein? Warum muss ich diese endlosen Schmerzen ertragen, die scheinbar überhaupt nicht besser werden?“ Wieder betete ich, dass Gott mich doch zu sich holen möge. Ich wollte einfach nicht mehr leben. Ich wollte nur noch nach Hause, und damit meinte ich nichts anderes als den Himmel.

So betete ich tagaus, tagein, bis ich jeweils irgendwann vor Erschöpfung einnickte. Sobald ich erwachte, breitete sich die Decke der Verzweiflung wieder über mich. Nichts half.

Kurz vor meinem Unfall hatte ich mir mehrere Kassetten mit bekannten christlichen Liedern bestellt. Es waren Produktionen aus den 60er- und 70er-Jahren von Musikern wie David Meese oder den *Imperials*. Eva hatte sie mir mit einem Kassettenrekorder zusammen in die Klinik gebracht, aber ich hatte nicht das geringste Interesse, sie zu hören.

Stattdessen lief ständig der Fernseher. „Ich habe jede Episode sämtlicher Serien mindestens acht Mal gesehen“, vertraute ich irgendwann einem Freund an, der mich besuchte. „Inzwischen kenne ich die Dialoge schon auswendig.“

Eines Morgens – es muss so zwischen drei und fünf Uhr gewesen sein – konnte ich es nicht ertragen, dasselbe Programm noch einmal zu sehen, und so entschloss ich mich, Kassetten zu hören. Eine Schwester half mir, das Band einzulegen.

Der erste Song war eine Aufnahme von den *Imperials* mit dem Titel *Praise the Lord (Lobe den Herrn)*. Der Text sprach davon, dass wir den Herrn loben sollten, wenn wir in den Kämpfen des Lebens stecken und nicht mehr weiterwissen. So unerhört sich dies für mich anhörte, um drei Uhr morgens in meinem Krankenbett, ließ ich das Band dennoch weiterlaufen, in der Hoffnung, dass es mir helfen würde, irgendwie aus meiner tiefen Verzweiflung herauszukommen. Die nächste Strophe enthielt die Aussage, dass die Ketten, die uns festbinden, von uns abfallen, wenn wir uns Gott in Anbetung hingeben. Das ganze Lied handelte davon, Gott inmitten unserer Lebensumstände anzubeten.

Als die *Imperials* die zweite Strophe sangen, in der es um die Ketten ging, schaute ich unweigerlich an mir herab auf meine *Ketten* – kiloschwere Gestänge aus rostfreiem Stahl, die meinen Arm und mein Bein wie ein Käfig umgaben. Vor meinem Unfall hatte ich dieses Lied sicherlich Hunderte von Malen gesungen. Ich hatte es sogar bereits selbst gespielt. Doch in diesem Moment wurden sie zu einer Botschaft Gottes an mich – ein Volltreffer aus der Höhe, der mich mitten ins Herz traf.

Noch bevor das Lied zu Ende war, hörte ich mich selbst einstimmen: „Praise the Lord!"

Direkt im Anschluss sang David Meese *We Are the Reason* (Wir sind der Grund). Die Worte dieses Liedes erinnerten mich daran, dass wir der Grund dafür sind, dass Jesus weinte, litt und schließlich am Kreuz starb. Meese sang davon, wie er zu der Erkenntnis gekommen war, dass der eigentliche Sinn des Daseins auf dieser Erde darin besteht, unser ganzes Leben mit all seinen Facetten Jesus anzuvertrauen. Auch dieses Lied war nicht neu für mich, aber irgendwie geschah in diesen frühen Morgenstunden etwas sehr Durchschlagendes mit mir. Ich war völlig in meine Musik versunken. Alle anderen Geräusche waren ausgeblendet – das Seufzen aus den Nachbarzimmern, die Schritte auf dem Flur. Ich fühlte mich so, als wäre ich von der Welt um mich herum abgeschnitten.

Auf einmal brach der Damm, und dicke Tränen liefen mir die Wangen herunter. Ich konnte sie mir nicht abwischen, und ich wollte es auch gar nicht versuchen. Sie strömten einfach aus mir heraus, ich konnte überhaupt nicht mehr aufhören. Ich weinte wie noch niemals zuvor in meinem Leben. Ich bin mir nicht sicher, wie lange ich geweint habe, aber es mag wohl gut eine Stunde gedauert haben, bis es vorbei war.

Mein Schluchzen verebbte, und eine tiefe Ruhe überkam mich. Ich lag ganz entspannt da und war im Frieden mit mir selbst. In diesem Augenblick spürte ich, dass ein weiteres Wunder geschehen war: Meine Depression war verschwunden. Sie hatte sich in Luft aufgelöst. Ich war ein weiteres Mal geheilt worden.

Einzelne Sätze aus diesen einfachen Liedern hatten mich ganz tief berührt und verändert. Die *Imperials* hielten mir vor Augen, dass Satan ein Lügner ist. Er möchte uns unserer Freude berauben und uns mit Hoffnungslosigkeit erfüllen. Wenn wir im Kampf stehen und alles aussichtslos erscheint, dann können wir etwas an unserer Situation ändern, indem wir Gott preisen. Unsere Ketten werden von uns abfallen.

Das Lied von Meese ermutigte mich, indem es mir wieder neu vor Augen hielt, worum es in diesem Leben geht. Es geht darum, dass wir uns Gott hingeben, mit allem, was wir sind – mitsamt unserem Schmerz und unserer Verzweiflung. Gott allein ist der Grund, warum wir leben.

An jenem Morgen fasste ich den Entschluss, dass ich mein Leben weiterleben würde, was auch immer geschah. Ich traf diese Entscheidung ganz für mich alleine ohne Zutun von Psychiatern, Medikamenten oder seelsorgerlich-therapeutischer Hilfe. Während ich diese beiden Lieder anhörte, wurde ich von Gott geheilt. Die Verzweiflung wich von mir. Vor meinem Unfall und auch danach habe ich immer wieder Menschen geraten, seelsorgerliche Hilfe in Anspruch zu nehmen. Doch da ich in jenem Moment selbst nicht offen dafür war, hat Gott mich in einer dramatischen Weise geheilt, die natürlich nicht erklärbar ist.

Wie ich so in meinem Bett lag, war meine ganze Einstellung auf einmal vollkommen verändert. Ich hatte nach wie vor keine Ahnung, wie lange ich die Schmerzen und den *Ilizarov-Fixateur* noch würde ertragen müssen, aber ich wusste nun, dass Jesus Christus bei mir war. Ich hatte auch immer noch keine Erklärung, warum Gott mich in ein so qualvolles Leben zurückgeschickt hatte, doch all dies war nun nicht mehr entscheidend.

Ich war frei. Gott hatte mich in meinem Inneren geheilt. Die äußerliche Heilung zog sich zwar noch lange hin, aber ich hatte einen entscheidenden Etappensieg errungen. Die Depression war wie weggeblasen, und sie kam nicht wieder. Auch dies war ein Wunder, das Gott an mir getan hatte.

Wieder in der Gemeinde

Beugt euch also unter Gottes starke Hand, damit er euch erhöhen kann, wenn die Zeit gekommen ist. Alle eure Sorgen werft auf ihn, denn er sorgt für euch.
1. Petrus 5,6–7

Einige Leute, die mich schon lange kennen, halten mich für einen besonders tapferen Menschen. Ich selbst habe mich nie so gesehen – auch nicht einen Moment lang –, weil ich mein wahres Gesicht einfach zu genau kenne. Ich weiß, wie wenig ich mir selbst darauf einbilden kann, dass ich diese schwere Zeit überstanden habe.

Doch ganz im Gegensatz zu meiner eigenen Selbstwahrnehmung habe ich von Leuten aus der Gemeinde immer wieder gehört, dass es ihnen Mut gemacht hätte mitzuerleben, wie ich vom Zustand totaler Hilflosigkeit Schritt für Schritt zu einer gewissen Normalität zurückfand. Manche kamen in ihren eigenen persönlichen Krisenzeiten zu mir und meinten: „Wenn du so etwas überstehen konntest, dann werde ich das hier auch schaffen."

Es freut mich natürlich, dass andere durch mein persönliches Beispiel Mut schöpfen, aber zugleich habe ich große Mühe damit, mich selbst als eine Quelle der Ermutigung und Inspiration zu sehen. Ich weiß nicht, wie ich mit so viel Lob und Bewunderung umgehen soll, weil ich ja eigentlich gar nichts Großes getan habe. Alles, was ich wollte, war sterben. Was ist daran schon besonders erbaulich?

Wenn ich Leute davon reden höre, wie sehr ich sie durch mein Beispiel ermutigt habe, dann streite ich mich natürlich nicht mit ihnen, aber ich weiß noch sehr genau, wie David

Gentiles meinte, dass er und andere meine Genesung erbeten würden. Ich habe nur deshalb überlebt, weil es Menschen gab, die mich nicht sterben lassen wollten. Sie sind eigentlich diejenigen, denen die Bewunderung gelten müsste.

Wenn ich dieser „Wenn du so etwas überstehen konntest"-Haltung bei anderen begegne, dann nicke ich immer nur, nehme es zur Kenntnis und erwidere: „Ich tue einfach nur mein Bestes." Und nichts anderes habe ich auch damals getan, als es so schlimm um mich stand. Manchmal bedeutete, „mein Bestes" zu tun, einfach mit Mühe und Not den Tag zu überstehen. Selbst als ich mit meinen Depressionen rang, war dies einfach „das Beste", was ich damals zu geben hatte. Vielleicht ist es gerade das, was Gott ehrt. Ich weiß es nicht.

Von Natur aus bin ich ein energischer Mensch, und ich kann sicherlich nicht verhehlen, dass ich dabei oft ein ziemlicher Dickschädel bin. Dennoch fühlte ich mich damals oft schrecklich allein, und ich war davon überzeugt, dass niemand mich verstand. Ich denke bis heute, dass ich mit dieser Einschätzung sicherlich nicht allzu sehr danebenlag. Wenn unsere Schmerzen unerträglich werden und wochenlang unvermindert anhalten, dann kann niemand wirklich diesen Zustand nachvollziehen. Im Grunde brauchen die anderen es auch gar nicht zu wissen.

Sie zeigten mir ihr Mitgefühl und ihre Fürsorge, und dies ist das Einzige, worauf es wirklich ankommt.

~

Als ich Mitte Mai aus dem Krankenhaus nach Hause entlassen wurde, musste ich noch bis Februar 1990 in einem Krankenhausbett schlafen – insgesamt also 13 Monate. Selbst in dieser Zeit gab es immer wieder Rückschläge, oder es kam zu Infektionen. Dann musste ich zurück ins Krankenhaus, und mehrfach, vor allem zu Anfang, war dann meine Lage sogar ziemlich ernst. Manchmal dauerte es zwei, drei Wochen, bis ich wieder nach Hause konnte. Meistens fuhr Eva mich in die Klinik, doch nach der Entlassung wurde ich immer mit dem Krankenwagen nach Hause gefahren.

Als ich zum ersten Mal aus dem Krankenhaus kam, meinten die Leute aus der Gemeinde immer wieder, wie gut ich doch aussähe „nach allem, was ich hinter mir hatte".

Niemand sagte es, doch ich stellte mir vor, was sie wohl wirklich meinten, auch wenn sie es nicht so ausdrückten: „Wir haben für Don gebetet, und es ist wirklich unglaublich, wie gut die Sache doch am Ende ausgegangen ist. Wir haben gebetet, dass er überlebt und dass es mit ihm bergauf geht." Mit anderen Worten: Ich war zwar in einem jammervollen Zustand, aber ich lebte noch, und genau dafür hatten sie ja gebetet.

Meine beiden Zwillinge, Joe und Christopher, waren zum Zeitpunkt meines Unfalls gerade acht Jahre und unsere Tochter Nicole zwölf Jahre alt. Was mir in der Zeit meiner Genesung besonders zu schaffen machte, war der Schmerz, den meine Kinder durchmachen mussten. Sie sagten zwar meistens nichts, aber ich wusste, wie ihnen zumute war.

Dies ist eine handgeschriebene Karte von meinem Sohn Joe vom Februar 1989. Damals wohnte er bei seinen Großeltern. (Ich habe die Rechtschreibfehler nicht korrigiert.)

hallo papa,
du bist der Beste. Ich hab dich liep und ich hoffe du makst die karten. Ich finde es schade, das dir das pasiert ist.
Ich hab dich liep, Papa.
Joe

~

Einige Monate später, als ich endlich wieder zu Hause war, kam Joes Zwillingsbruder nach der Schule immer direkt zu mir ins Wohnzimmer, wo mein Bett stand. Ohne ein Wort zu sagen, legte er seinen Kopf auf meine Brust. Ich weiß nicht, wie lange er dann so verweilte. Es wird sicherlich nicht viel länger als eine Minute gewesen sein.

Während er so bei mir war, sagte er nie etwas. Es war aber auch gar nicht nötig. Diese kleine Geste sagte viel mehr, als Worte es je gekonnt hätten. Ich spürte, wie sehr mein kleiner Sohn mich liebte.

Nach etwa einer Minute ging Chris in sein Zimmer, zog seine Schulkleidung aus und seine Freizeitkleidung an und ging dann nach draußen zum Spielen. Dies war sein tägliches Begrüßungsritual.

Ich weiß, dass er unter der Situation litt, sehr sogar, und er brachte seine Trauer auf seine ganz eigene Weise zum Ausdruck.

~

Ein halbes Jahr nach dem Unfall durfte ich an einem Ereignis teilnehmen, das für Nicole eine ganz besondere Bedeutung hatte.

Die *Southern Baptists* haben mehrere Missionsorganisationen für Jugendliche. Am bekanntesten sind die *Royal Ambassadors* für Jungen und *Girls in Action (GA's)* sowie *Acteens* für Mädchen. Sobald sie alt genug war, schloss Nicole sich den *GA's* und den *Acteens* an. Sie erfüllte alle erforderlichen Voraussetzungen für eine Teilnahme, wie zum Beispiel Bibelpassagen auswendig lernen und an verschiedenen Dienstprojekten und Missionseinsätzen teilnehmen. Als sie vierzehn Jahre alt war, erfuhr sie, dass sie bei der nächsten Abschlusszeremonie dabei sein würde, bei der ihr eine Krone und ein Zepter verliehen wurde und die im Juni 1989 in der *South Park Baptist Church* stattfand.

Diese Ehrung bildet den Abschluss des *Acteen*-Programms und erfolgt immer im Rahmen eines besonderen Festaktes innerhalb eines Gottesdienstes. Die Verleihung des Preises war eine Anerkennung für den hohen Einsatz, den sie gezeigt hatte. Während sie daran arbeitete, die Voraussetzungen für den Ehrenpreis zu erfüllen, konnte sie aufgrund unserer familiären Umstände nicht zu Hause wohnen. Unsere Freunde Suzan und Stan Mauldin hatten sie in dieser Zeit in ihre Familie aufgenommen. Durch unsere räumliche Trennung und meine schwere Verletzung konnte ich ihr in dieser Phase ihres Lebens keinerlei Ermutigung und Unterstützung geben. Auch Eva war keine Unterstützung, weil sie jeden Tag nach der Schule zu mir in die Klinik fuhr, wo sie bis zum Abend blieb, um dann zum Schlafen wieder nach Hause zu fahren.

Nicoles Bereitschaft, sich trotz der widrigen Umstände diesen Herausforderungen zu stellen, machte uns mächtig stolz.

Als Teil der traditionellen Krönungszeremonie geleiten die Väter ihre Töchter den Gang entlang zum Altar. Die Brüder, wenn es welche gibt, kommen direkt dahinter und tragen die Krone und das Zepter.

Der Zeitpunkt der Zeremonie lag so, dass es sehr zweifelhaft war, ob ich dabei sein, geschweige denn meine Tochter nach vorne geleiten konnte.

Ich bin sehr dankbar, dass die Ärzte mich so rechtzeitig aus dem Krankenhaus entließen, dass es am Ende doch möglich war. Es bedeutete mir enorm viel. Es war natürlich nicht ihre Hochzeit, aber es war der größte Tag, den sie bis dahin in ihrem jungen Leben erlebt hatte, und ich wollte diesen Augenblick gerne mit ihr zusammen begehen. Ich saß im Rollstuhl, und Nicole hielt meinen Arm, während ich neben ihr nach vorne rollte. Chris und Joe gingen hinter uns und trugen Krone und Zepter auf zwei Kissen. Ich trug ein dunkles Jackett mit Krawatte (das erste Mal seit meinem Unfall) zusammen mit einer hellen Trainingshose, die seitlich aufgeschnitten war, damit ich mit meinem *Ilizarov* hineinpasste.

Nicole war nicht nur begeistert, dass ihr Papa an ihrem großen Tag dabei sein konnte, sie war überglücklich, dass ich sie zum Podium führte.

Ich hatte Tränen in den Augen, als ich mich mit meinem Rollstuhl den Gang entlangmanövrierte, und überall hörte ich Leute schluchzen. Viele der Tränen, die wir an jenem Tag geweint haben, waren jedoch auch Freudentränen darüber, dass Nicole diesen wunderbaren Tag feiern konnte.

~

Ich glaube, dass die Ärzte mich zu diesem Zeitpunkt nach Hause entließen, weil sie dachten, dass meine Genesung in meinem normalen Umfeld, wo ich meine Familie um mich haben konnte, schneller voranschreiten würde. Vielleicht half es am Ende auch, einiges an Kosten einzusparen. Ich weiß es nicht. Sicher ist, dass ich mich riesig freute, nicht mehr im Krankenhaus sein zu müssen. Die Krankenversicherung übernahm die Kosten für die Behandlung nicht. Die Rechnungen wurden zunächst von der Arbeitnehmer-Unfallversicherung bezahlt und später vom Bundesstaat Texas zurückerstattet, nachdem ein Bundesgericht festgestellt hatte, dass er für den Unfall haftete.

Die Tatsache, dass ich nun zu Hause war, machte die Dinge natürlich nicht unbedingt einfacher für meine Familie, vor allem für Eva. Jeden Tag musste jemand vorbeikommen, um mir Spritzen zu geben. Außerdem musste ich Krankengymnastik bekommen, alles bei uns zu Hause. Im Wohnzimmer sah es aus wie in einem Krankenhaus. Trotzdem tat es mir sehr gut, dass ich die sterile Klinikatmosphäre endlich los war. Allein schon die Möglichkeit, in meiner vertrauten Umgebung sein zu können, baute mich unheimlich auf. Es war schön, einfach nur aus dem Fenster zu schauen und Menschen um mich zu haben, die nicht weiß gekleidet waren.

Das Krankenhaus stellte mir ein Bett mit allem Zubehör zur Verfügung, genau wie das, in dem ich während meines Aufenthaltes gelegen hatte. Jeden Tag kamen Krankenschwestern von einem ambulanten Pflegedienst vorbei, die Krankengymnasten kamen jeden zweiten Tag.

In besonders warmer Erinnerung habe ich die lieben Leute, die Tag für Tag bei mir waren, während Eva arbeitete. Als die Leute aus der Gemeinde hörten, dass sie wieder zur Arbeit gehen musste, wenn sie ihren Job nicht verlieren wollte, beschlossen sie, uns zu helfen, so gut sie konnten.

Ginny Foster, die Frau unseres Hauptpastors, organisierte, dass jeden Tag jemand bei mir war. Sie gab der Gruppe, zu der eine Reihe von Frauen aus unserer Gemeinde und ein paar pensionierte Männer gehörten, schmunzelnd den Namen „Don-Patrouille"*.

Von dem Zeitpunkt, da Eva morgens das Haus verließ, bis sie mittags wieder nach Hause kam, waren es jeden Tag sieben Stunden, die ich alleine war. Mein Schlafrhythmus wurde sehr stark davon bestimmt, wie lange es dauerte, bis ich von den Schmerzen so erschöpft war, dass ich schließlich einnickte. Mit der Zeit bildete sich aber dennoch ein halbwegs verlässliches Muster heraus. Im Allgemeinen schlief ich irgendwann zwischen zwei und drei Uhr morgens ein und wachte gegen

* Wohl in Anlehnung an die „Frühpatrouille" der Elefanten aus dem „Dschungelbuch" (engl. „Dawn Patrol").

10:00 Uhr wieder auf. Die „Don-Patrouille“ kam so gegen 9:00 Uhr, während ich noch schlief. Das Mittagessen für mich brachten sie entweder mit, oder sie bereiteten es bei uns zu Hause zu.

Oft erwachte ich und erblickte eine nette ältere Dame, die an meinem Fußende saß und strickte. Oder ich sah eine aufgeschlagene Zeitung. Die Zeitung senkte sich, und ich sah einen freundlichen älteren Herrn, der mich breit anlächelte und meinte: „Guten Morgen. Kann ich irgendetwas für Sie tun?“

Die Parade der freundlichen Gesichter riss nicht ab und bescherte mir jeden Tag einen neuen Anblick. Dennoch ging es den vielen Helfern um ein und dasselbe Anliegen: Don zu versorgen und ihm Gesellschaft zu leisten.

Wie ich so Tag für Tag in meinem Bett lag, wurde mir bewusst, wie viel Hilfe von anderen wir bekommen hatten. Noch während ich im Krankenhaus lag, hatten Freunde aus der Gemeinde in Alvin unsere ganze Habe zusammengepackt und den Umzug in ein neues Haus organisiert, wo alles zu ebener Erde lag, sodass ich keine Treppen zu steigen brauchte.

Wenn ich tagsüber zum Fenster meines „Krankenzimmers“ hinausschaute, sah ich oft die beiden Jungs Brandon und Mat Mealer und ihren Freund Chris Alston, wie sie gerade unseren Rasen mähten. Eines Abends lieh sich Chris unseren Van und fuhr, als besondere Überraschung, mit mir ins Kino. An den Film erinnere ich mich schon gar nicht mehr, aber diese wunderbare Aufmerksamkeit werde ich nie vergessen. Eines Tages wehte ein heftiger Sturm den Zaun in unserem Garten um. Er war im Nu wieder aufgerichtet, ohne dass wir überhaupt jemanden darum bitten mussten. Gott allein kann all die Freundlichkeit ermessen, die uns in dieser Zeit meiner Genesung zuteilwurde.

~

Wenn ich morgens anfing, mich zu regen, kam mein gerade „diensthabender Betreuer“ an mein Bett und brachte mir Zahnbürste, Waschlappen und eine Schale mit Wasser, damit ich mir die Zähne putzen und das Gesicht waschen konnte. Dann führte er mir ein Glas Saft an den Mund, und später bekam ich ein reichhaltiges Mittagessen serviert.

Nachdem sie mich gefüttert, das Geschirr abgespült und sichergestellt hatten, dass es mir den Umständen entsprechend gut ging, stellten sie mir zum Abschluss stets dieselbe Frage: „Gibt es noch irgendetwas, das ich für Sie tun könnte, bevor ich gehe?“

Meine Antwort lautete immer: „Nein, vielen Dank.“ Dann versuchte ich nach Kräften, ihnen ein strahlendes Lächeln zu schenken, was mir vermutlich nicht immer ganz gelungen ist, aber sie lächelten sehr herzlich zurück.

„Ist schon in Ordnung. Mir geht's gut.“

Menschen haben wirklich eine schier grenzenlose Fähigkeit, einander zu dienen und sich füreinander aufzuopfern. Sosehr wir Menschen auch mit Fehlern behaftet sein mögen – offenbar wollte Gott mit all der Hilfsbereitschaft, die mir in der Zeit meiner Genesung entgegengebracht wurde, ein deutliches Zeichen setzen, dass wir Menschen trotz allem nach seinem Bild geschaffen sind.

Etwa eine Stunde, nachdem sich die *Don-Patrouille* verabschiedet hatte, ging die Haustür auf, und Eva kam nach einem langen Schultag nach Hause. Sie begrüßte mich immer mit einem Lächeln und gab mir einen Kuss.

„Geht's dir gut?“, fragte sie.

„Danke, es geht mir gut“, erwiderte ich, und das meinte ich wirklich so.

Damals konnte ich meine Empfindungen gar nicht so recht in Worte fassen, aber mir war immer ein wenig so, als ob mir in Gestalt der Leute von der *Don-Patrouille* ein Engel erschienen war. Dieses Gefühl war ein richtiges Geschenk, das meinen Geist belebte.

~

Über Monate hinweg chauffierten mich die lieben Mitglieder der *Don-Patrouille* zur Wassergymnastik und zurück. Sie fand immer ganz in der Nähe unseres Zuhauses in Alvin statt. Die ersten dreizehn Monate nach meinem Unfall verbrachte ich entweder im Krankenhaus oder zu Hause in meinem Bett. Viele Monate lang verließ ich das Bett kaum länger als fünf Minuten am Tag – abgesehen von der Krankengymnastik. An manchen Tagen musste ich jedoch komplett liegen bleiben.

Das Schlimmste war, dass ich in meinem Bett immer vollkommen hilflos war. Ich konnte nicht aufstehen und war bei jeder Bewegung auf Hilfe angewiesen. Ohne diese Krankengymnastik wäre ich niemals in der Lage gewesen, mich aufzusetzen, geschweige denn mich selbstständig fortzubewegen.

Langsam, Schritt für Schritt lernte ich wieder zu laufen. Als ich zum ersten Mal aus meinem Bett aufstand, schaffte ich mit Mühe und Not drei Schritte. Danach ließ ich mich auf die Bettkante sinken und wurde von einer Welle der Erschöpfung erfasst. Trotzdem strahlte ich über das ganze Gesicht. *Ich war ein Stück gelaufen.* Drei Schritte – das scheint auf den ersten Blick so wenig, aber für mich war es ein ungeheures Erfolgserlebnis.

Der Genesungsprozess nach einem solchen schweren Trauma hat viele Ähnlichkeiten mit dem Lernprozess, den wir alle als Kleinkind durchgemacht haben. Ich war so lange vollkommen hilflos gewesen, dass es in meinen Augen ein gewaltiger Durchbruch war, endlich wieder alleine zur Toilette gehen zu können. Als ich wieder gehen lernte, musste ich häufig daran denken, wie viel wir doch als selbstverständlich ansehen, wenn wir uns Tag für Tag einfach so frei bewegen und unseren Geschäften nachgehen können.

Die Tatsache, dass ich wieder gehen kann, ist nicht der Verdienst eines Einzelnen. Ich habe es buchstäblich Hunderten von medizinischen Fachkräften zu verdanken, die Tag und Nacht unermüdlich gearbeitet haben, um mir zu helfen. Und ich habe es meinen Freunden und meiner Familie zu verdanken, die an mich geglaubt haben, auch wenn sie sich gar nicht so recht vorstellen konnten, was für eine Hürde es für mich bedeutete, einfach nur einen Fuß vor den anderen setzen zu können.

Die Tatsache, dass ich wieder laufen lernte, war nicht nur ein Triumph des Willens, es war auch ein entscheidender Schritt auf dem Weg zu einer Form von Normalität. Ich musste oft an den letzten Abend in *Trinity Pines* zurückdenken, als J. V. Thomas und ich unseren Spaziergang gemacht hatten. Es war das letzte Mal, dass ich ganz normal hatte laufen können. Danach war es über Monate hinweg völlig unsicher, ob ich überhaupt jemals wieder würde gehen können. Für lange Zeit waren drei zaghafte Schrittchen für mich fast wie die Besteigung einer Steilwand im Hochgebirge.

„Ich hab's geschafft!", hallte es von den Wänden im Wohnzimmer zurück. „Ich bin gelaufen! Ich bin gelaufen!"

Diese ersten Schritte, die ich ganz allein bei uns zu Hause getan habe, sind für mich bis heute einer der großartigsten Momente in meinem Genesungsprozess. Sie waren der sichtbare Beweis, dass es wirklich bergauf ging. Nun hatte ich wieder ein Ziel, auf das ich hinarbeiten konnte. Der schlimmste Teil des Heilungsprozesses lag hinter mir. Ich wusste, dass ich nun sichtbare Fortschritte sehen würde. Ich ging jeden Tag ein paar Schritte mehr. Zum Ende der Woche hatte ich bereits eine große Runde durch unser Wohnzimmer gedreht.

Wenn ich Eva mittags nach der Arbeit meine neuesten Fortschritte vorführte und ihr Lächeln sah, fühlte ich mich so, als hätte ich einen Marathonlauf gewonnen. Eines Nachmittags schaute sie mir mit überschäumender Begeisterung zu, wie ich alleine durch das ganze Haus lief.

~

Eine Woche, nachdem ich aus dem Krankenhaus entlassen worden war, fasste ich den Entschluss, dass ich am Sonntagmorgen in den Gottesdienst gehen wollte.

Zu jenem Zeitpunkt konnte ich im Rollstuhl sitzen – sofern mir jemand aus dem Bett und nachher wieder hineinhalf –, aber ich konnte noch nicht aufstehen. Sechs Freunde aus der Gemeinde kamen zu uns nach Hause, um mir bei diesem Unterfangen zu helfen. Sie hatten aus einem der Kleinbusse unserer Gemeinde die Sitze herausgenommen und am Eingang unserer Kirche eine Rampe gebaut, sodass sie mich mit dem Rollstuhl hineinschieben konnten.

Ich musste daran denken, wie viel Mühe ich ihnen bereitete, und begann, mich zu entschuldigen, doch sie alle versicherten mir, dass es ihnen ein Vergnügen sei, mir zu helfen.

In diesem Augenblick kamen mir Jays Worte wieder in den Sinn. Meine Angehörigen und Freunde hatten mich gleich am ersten Tag, direkt nach dem Unfall, gesehen. Ich selbst habe nie gesehen, wie ich damals ausgesehen habe. Sie hatten den Schock erlebt und um mein Leben gebangt. Sie hatten der Möglichkeit ins Auge sehen müssen, dass ich womöglich nicht überleben oder zumindest für den Rest meines Lebens schwerbehindert sein würde. In mancher Hinsicht war die Situation für sie sicherlich sogar noch ein Stück schwerer als für mich. Es war für sie eine große Freude, mir aktiv helfen zu können. In gewisser Weise war dies ein Teil ihrer eigenen Genesung. Es war ihnen ein Bedürfnis, für mich da zu sein.

Doch sosehr ich mich auch freute, am Gottesdienst teilzunehmen, fiel es mir doch noch immer schwer, so ganz und gar auf Hilfe von anderen angewiesen zu sein. Ich fühlte mich völlig hilflos und abhängig. Doch sobald ich merkte, was in mir vorging, lächelte ich diesen Empfindungen ganz bewusst entgegen. Und so ließ ich meine sechs Helfer gewähren und bedankte mich herzlich bei ihnen.

Sie hoben mich vorsichtig in den Kleinbus und fuhren an einem Nebeneingang unseres Gemeindegebäudes vor. Als einer der Männer die Autotür öffnete, wurde ich sofort von Leuten entdeckt, die auf dem Weg zum Gottesdienst waren.

„Schaut mal! Da ist Pastor Don!“, rief jemand.

Sofort bildete sich eine Traube von Menschen, die mich jauchzend und applaudierend begrüßten, während die Männer mich die Rampe hinaufschoben.

Dann wurde es chaotisch. Die Leute kamen herbeigeströmt. Mehrere gaben Jubelrufe von sich. Es hatte fast den Anschein, als ob alle mich anfassen oder mir die Hand schütteln wollten. Ich konnte es kaum fassen, dass um mich ein solches Aufhebens gemacht wurde.

Schließlich schob man mich hinein und stellte mich vor der Bühne in der Nähe der Orgel ab, da es nicht möglich war, mich auf die Bühne zu heben.

Zu diesem Zeitpunkt hatte bereits die ganze Gemeinde gemerkt, dass ich in meinem Rollstuhl vorne stand. Ich schmunzelte und dachte: *Fünf Monate habe ich für den Rückweg von der Konferenz in* Trinity Pines *bis hierher gebraucht. Ich bin vielleicht ein wenig langsam, aber immerhin bin ich angekommen.*

In diesem Augenblick flüsterte mir jemand ins Ohr: „Wir würden uns freuen, wenn Sie ein paar Worte zur Gemeinde sprechen würden." Er stellte sich hinter mich und schob mich vor die Mitte der Bühne direkt unterhalb des Rednerpultes.

In diesem Moment überkam mich eine große Erschöpfung. Ich hatte die ersten Anzeichen schon deutlich früher bemerkt, aber ich war so wild entschlossen gewesen, zum Gottesdienst zu gehen, dass ich sie einfach übergangen hatte. Seit dem Aufstehen am Morgen waren inzwischen schon mehr als zwei Stunden vergangen. Es war das erste Mal seit dem Unfall, dass ich so lange auf war, und das erste Mal, dass ich derart lange im Rollstuhl saß.

Es wurde mir klar, dass es eine Dummheit gewesen war, an diesem Tag bereits zum Gottesdienst zu gehen; ich war dieser Strapaze körperlich einfach noch nicht gewachsen. In meiner Sturheit hatte ich mich überschätzt.

Ebenso überwältigend für mich war die liebevolle Reaktion der Gemeinde. Ich wusste nicht, ob ich überhaupt irgendein Wort über die Lippen bekommen würde. Was sollte ich sagen – nach diesen vielen Wochen und allem, was ich durchgemacht hatte?

Während mir dies alles durch den Kopf ging, reichte mir jemand ein Mikrofon. Während ich es umklammerte, dachte ich bei mir: *Ihr habt ja keine Ahnung, wie wenig ich selbst zu meiner Genesung beigetragen habe. Ihr seht es als einen Triumph. Doch in Wirklichkeit bin ich einfach um Haaresbreite dem Tode entronnen.*

In diesem Augenblick brach spontaner Beifall aus. Ich hatte erwartet, dass sie sich freuen würden, mich zu sehen, aber diese tosende Lawine des Lobpreises an Gott kam für mich völlig überraschend. Alles erhob sich und begann zu klatschen. Die Ovationen wollten gar kein Ende mehr nehmen. Schließlich winkte ich ab, um sie zum Aufhören zu bewegen.

Wie ich sie so anstarrte, schämte ich mich über so viel Applaus und Begeisterung. Ich konnte es überhaupt nicht fassen, dass dies alles wirklich mir galt.

Wenn sie wüssten, dachte ich. *Wenn sie nur wüssten.*

Dann sprach Gott zu mir. Dies war eines der wenigen Male, wo ich in meinem Inneren eine klare Stimme vernahm.

„Dieser Applaus gilt nicht dir."

Es waren nur diese paar Worte, aber sie hatten eine enorme Wirkung auf mich, sodass ich nun in der Lage war, ein paar Worte zu sprechen. Endlich sah ich, was hier geschah. Der Applaus war ein Dank an Gott dafür, dass er mich vom Tod wieder zum Leben zurückgebracht hatte. Nun konnte ich mich entspannen. Dies war der Augenblick, Gott die Ehre zu geben, denn die Ovationen galten überhaupt nicht mir.

Es mutete immer noch wie eine Ewigkeit an, bis der Applaus endlich abebbte. Ich sagte nur einen kurzen Satz. Jeder, der an jenem wunderbaren Tag anwesend war, wird sich sicherlich noch daran erinnern: „Ihr habt gebetet, und darum bin ich hier."

Wieder brach tosender Applaus los. Hätte ich noch etwas gesagt, es wäre sowieso im Lärm der Begeisterung untergegangen.

Ich kam nicht mehr dazu, es zu sagen, aber ich war fest davon überzeugt und bin es bis heute, dass ich nur deshalb überlebt habe, weil so viele Menschen es wollten. Sie hatten leidenschaftlich, entschlossen und voller Verzweiflung gebetet und geglaubt, dass Gott sie erhören würde. Manche Leute, die im Gebet für mich eingestanden waren, hatten nie zuvor wirklich ernsthaft gebetet. Manch einer, der seit vielen Jahren kein einziges echtes Fürbittegebet mehr gesprochen hatte, hatte auf einmal zu Gott geschrien, dass er mich verschonen möge. Die Dinge, die ich erlebt hatte, hatten Menschen auf ihre Knie gebracht, und durch das Gebet für mich hatten viele eine sehr tief greifende Veränderung erfahren.

Manche von ihnen – vor allem jene, die es sich nicht zur Gewohnheit gemacht hatten zu beten – meinten, diese Erfahrung habe ihr Leben grundlegend revolutioniert. Es gibt viele Beispiele von Menschen, denen ich noch nie zuvor persönlich begegnet war – von Cottonwood in Arizona bis hinauf nach Buffalo im Bundesstaat New York –, die um zwei, drei oder gar vier Ecken von meinem Unglück gehört und gebetet hatten.

In den folgenden drei Jahren kamen immer wieder Leute auf mich zu und meinten: „Ich habe auf einem Video ein Interview mit Ihnen gesehen. Sie sind doch der Mann! Ich habe damals für Sie gebetet."

Oder aber sie hatten eine Kassette mit meiner Geschichte gehört, die bei uns in der Gemeinde aufgenommen worden war, und meinten: „Sie können sich gar nicht vorstellen, wie viel uns das bedeutet. Gott hat unsere Gebete erhört. Wir sind einfach so unendlich dankbar, dass Sie überlebt haben."

Für manche Leute bin ich im Grunde gar keine richtige Person, sondern ein Symbol. Ich bin der lebendige Beweis dafür, dass Gott unsere Gebete beantwortet. Sie erinnern sich vielleicht noch an meine Arbeit in der *South Park Church*, vielleicht sogar an die eine oder andere Predigt von mir, doch was sich ihnen tief ins Gedächtnis eingebrannt hat, ist die Tatsache, dass sie um meinetwillen mit ihren Gebeten den Thron Gottes bestürmt haben. Sie rangen im Gebet um mein Leben, und ich bin wieder gesund geworden. Ich weiß auch nicht, was ich dazu sagen soll, denn obwohl mir all dies persönlich widerfahren ist, vermag auch ich es letztlich nicht zu begreifen.

Außerdem bin ich vermutlich die Verkörperung der Antwort auf eine Reihe von Fragen, die uns Menschen sehr beschäftigen. Seit ich angefangen habe, anderen von meiner Erfahrung im Himmel zu berichten, sind zahllose Menschen auf mich zugekommen und haben mich mit Fragen gelöchert: Gibt es den Himmel wirklich? Wie ist es dort? Oder sie stellen mir ganz spezifische Fragen über die Lobgesänge oder die Straßen aus Gold. Viele erzählen mir auch von einem geliebten Menschen, den sie in letzter Zeit verloren haben.

Allein die Tatsache, dass ich dort gewesen und wieder zur Erde zurückgekommen bin und dass ich nun mit ihnen reden kann, ist für viele dieser Menschen ein ungeheurer Trost. Ich bin darüber immer wieder erstaunt.

Andere bemerken die Spuren, die noch heute an meinem Körper zu sehen sind, und meinen: „Sie sind wirklich ein Wunder – nach allem, was Sie durchgemacht haben. Sie sind ein wandelndes Wunder.“

Öffnung nach außen

Wir wissen ja: Wenn das irdische Zelt, in dem wir jetzt leben, nämlich unser Körper, abgebrochen wird, hat Gott eine andere Behausung für uns bereit: ein Haus im Himmel, das nicht von Menschen gebaut ist und das in Ewigkeit bestehen bleibt. Weil wir das wissen, stöhnen wir und sehnen uns danach, mit dieser himmlischen Behausung umkleidet zu werden; denn wir wollen ja nicht nackt dastehen, wenn wir den irdischen Körper ablegen müssen. Ja, wir sind bedrückt und stöhnen, solange wir noch in diesem Körper leben; wir wollen aber nicht von unserem sterblichen Körper befreit werden, sondern in den unvergänglichen Körper hineinschlüpfen. Was an uns vergänglich ist, soll vom Leben verschlungen werden.

2. Korinther 5,1–4

Gott gebrauchte meinen besten Freund David Gentiles, um mich am Leben zu erhalten, und dafür bin ich sehr dankbar. Später, ungefähr zwei Jahre nach meinem Unfall, gebrauchte er David erneut.

Bis dahin hatte ich noch niemandem von meinem Erlebnis im Himmel erzählt. Ich hatte zwar mit Eva ganz allgemein darüber gesprochen, aber ich hatte die Unterhaltung immer sehr schnell wieder beendet, bevor sie anfing, mir Fragen zu stellen. Sie spürte, dass dieser Aspekt meiner Vergangenheit tabu war.

Nicht dass ich Eva irgendetwas vorenthalten wollte, ich konnte nur einfach nicht über diese Erfahrung sprechen. Manchmal schienen mir die Dinge, die ich im Himmel erlebt hatte, so heilig, dass jeder Versuch, sie jemandem zu vermitteln, etwas davon wegzunehmen schien.

Etwa eineinhalb Jahre nach meiner Entlassung aus dem Krankenhaus kam David zu einem Jüngerschaftswochenende in unsere Gegend. Er nahm dies zum Anlass, um mir einen Besuch abzustatten.

Als wir beide miteinander allein waren, stand mir plötzlich wieder jener Moment auf der Intensivstation lebhaft vor Augen, in dem ich völlig am Ende gewesen war und er mir zugesagt hatte, dass er mich durchbeten würde. Wir ließen unsere Erinnerungen Revue passieren, und ich dankte ihm noch einmal für seine Freundschaft und seine Entschlossenheit, für mich zu beten.

„Wie fühlst du dich denn heute so?“, erkundigte er sich.

„Ich habe noch immer Schmerzen.“ Ich versuchte mir ein Lächeln abzuringen und meinte: „Ich habe ständig Schmerzen, aber das ist noch nicht einmal das Schlimmste.“

Er beugte sich ein wenig näher zu mir herüber. „Was ist denn das Schlimmste?“

„Ich habe einfach keine Ahnung, wie es weitergeht. Ich habe überhaupt keine Perspektive für die Zukunft.“

David hörte zu, während ich ihm erläuterte, was ich gerne tun würde, wie es um meine körperliche Leistungsfähigkeit bestellt war, und dass ich mir nicht sicher war, ob Gott mich wirklich weiter in *South Park* haben wollte. Ich fühlte mich dort sehr geschätzt und hatte auch das Gefühl, gebraucht zu werden, aber ich war mir einfach nicht sicher, ob dort nach wie vor mein Platz war.

Er hörte mir lange zu und hakte dann sanft nach: „Welche Lektionen hast du denn eigentlich aus dem Unfall und aus der Zeit deiner Genesung mitgenommen?“

In den nächsten drei bis vier Minuten erzählte ich ihm von den Lernerfahrungen, die ich gemacht hatte, vor allem von der Bereitschaft, die in mir gewachsen war, andere Menschen an mich heranzulassen und Hilfe anzunehmen. Und dann fügte ich hinzu: „Doch inmitten von allem Leid und aller Hoffnungslosigkeit, die ich erlebt habe, habe ich vor allem eins gelernt: dass der Himmel wirklich real ist."

„Was meinst du damit?", fragte er stirnrunzelnd.

Langsam und zaghaft fing ich an, ein wenig – sehr wenig – von meinem kurzen Aufenthalt im Himmel zu berichten.

„Erzähl mir doch noch ein wenig davon", meinte er. Ich empfand ihn keineswegs als drängend. Er war mein Freund, und er wollte einfach wissen, was mich bewegte. Ich hatte auch den Eindruck, dass ich mit David über den Himmel sprechen konnte. Er würde mich sicherlich verstehen, soweit ein Mensch, der auf dieser Erde lebt, überhaupt dazu in der Lage ist.

„Ich bin während des Unfalls gestorben, und im nächsten Augenblick war ich im Himmel", meinte ich.

Er lehnte sich nach vorne und wartete darauf, dass ich fortfuhr. Er sagte nichts, aber an seinen Augen konnte ich sehen, dass er es kaum erwarten konnte, mehr zu hören.

Je mehr ich erzählte, desto lebhafter wurde er. Im Rückblick glaube ich, dass Davids überschwängliche Reaktion eine Mischung war aus der Begeisterung darüber, dass ich ein lebendiger Zeuge für die Realität des Himmels war, und der Erleichterung, dass der Albtraum, der hinter mir lag, doch irgendwie etwas Gutes hatte.

Nachdem ich mit meinem Bericht am Ende war, sagte er zunächst gar nichts. Eine friedvolle Stille erfüllte den Raum. Die Freundschaft, die uns verband, war tief genug, dass wir diese Zeit des Schweigens nicht krampfhaft zu füllen brauchten.

Schließlich nickte er langsam mit dem Kopf und meinte: „Warum hast du denn nicht vorher schon darüber gesprochen?"

„Dafür gibt es zwei sehr gute Gründe. Erstens: Wenn ich herumlaufe und anfange, überall zu erzählen, dass ich im Himmel gewesen bin, dann halten mich die Leute am Ende für verrückt."

„Warum meinst du das? Ich habe dich doch eben auch nicht für verrückt gehalten …"

„Und zweitens", unterbrach ich ihn. „Ich will diese Erfahrung nicht noch einmal aufwärmen. Sie ist einfach sehr persönlich. Ich habe meine Eindrücke ja noch nicht einmal selbst soweit verarbeitet, dass ich begreifen könnte, was damals passiert ist. Es ist nicht unbedingt so, dass ich niemandem davon erzählen will – ich glaube, ich könnte es gar nicht."

„Was meinst du, warum du den Himmel erlebt hast, wenn du nicht davon erzählen sollst?"

„Darauf habe ich keine Antwort."

„Warum nicht?"

„Es gibt eine andere Frage, die ich mir immer wieder gestellt habe: Warum habe ich es überhaupt erlebt, wenn es mir danach gleich wieder weggenommen wurde? Was sollte das Ganze?" Die ganze Wut, die sich über Monate in mir aufgestaut hatte, entlud sich, und der Schmerz brach sich Bahn. „Was sollte das Ganze? Ich bekomme eine Kostprobe von der Schönheit und Herrlichkeit des Himmels – das Grandioseste, was ich je erlebt habe – und dann muss ich wieder zurück. Wozu? Für das?" Ich deutete auf meinen Arm und mein Bein. „Stell dir das doch nur mal vor. Ich habe einen Unfall und sterbe, und im nächsten Augenblick bin ich im Himmel. Es war großartiger und wunderbarer als alles, was ich mir je vorzustellen gewagt hatte. Ich bekomme einen Vorgeschmack auf den Himmel, und auf einmal wache ich auf und bin wieder auf der Erde. Mein Körper ist verheerend zugerichtet. Ich habe ständige Schmerzen. Ich werde nie wieder gesund und kräftig sein. Ich habe das alles noch überhaupt nicht so recht verarbeitet, weil … weil mir, ehrlich gesagt, alles ziemlich grausam erscheint."

David starrte mich weiter an und fragte: „Was glaubst du, warum du so etwas erlebt hast, wenn nicht, um anderen davon zu erzählen?“

„Wie ich schon sagte: Ich habe noch keine Antwort auf diese Frage gefunden.“

„Wäre es vielleicht möglich, dass Gott dich erst in den Himmel geholt und dann wieder auf die Erde zurückgestellt hat, um anderen davon zu erzählen, was du erlebt hast? Ist dir denn überhaupt nicht klar, was für eine ungeheure Ermutigung das für andere sein kann?“

Ich war wie vom Donner gerührt. Die ganze Zeit war ich so sehr mit mir selbst beschäftigt gewesen, dass ich überhaupt nicht darüber nachgedacht hatte, was ich anderen geben konnte.

Während ich versuchte, ihm und mir selbst irgendwie klarzumachen, was in mir vor sich ging, konnte ich einfach nicht mehr an mich halten. Ich fing an, hemmungslos zu weinen, und ich wusste, dass ich es jetzt durfte.

Wir sprachen noch etwa zwanzig Minuten lang darüber. David bohrte weiter, und mir war bewusst, dass es gut war, mich zum Reden zu bringen, obwohl es mir sehr schwerfiel.

Schließlich meinte David: „Ich möchte gerne, dass wir beide eine Abmachung miteinander treffen.“

„Was für eine Abmachung?“

„Ganz einfach. Such dir zwei Leute, denen du vertraust. Erzähl ihnen, was du erlebt hast, und schau, wie sie reagieren.“ Er meinte, wenn sie den Einruck hätten, dass ich spinne oder das Ganze nur irgendwelche Halluzinationen wären, dann bräuchte ich nie wieder jemandem etwas davon zu erzählen.

„Aber wenn sie sich mit dir freuen“, fuhr David fort, „dann möchte ich, dass du das als einen Hinweis nimmst – ein Zeichen, dass Gott dir den Auftrag gibt, über diese neunzig Minuten, die du im Himmel verbracht hast, zu sprechen.“

Ich dachte einen Augenblick darüber nach und willigte schließlich ein.

„Ich glaube, das müsste ich eigentlich schaffen."

„Bis wann?"

„Ich verspreche dir, dass ich es sobald wie möglich tue."

„Also sehr bald?"

„Okay. Ich verspreche dir, dass ich es nicht auf die lange Bank schieben werde."

David betete für mich, und während ich ihm zuhörte, überkam mich ein großes Gefühl der Sicherheit. Ich hatte keine Wahl. Ich musste anderen davon erzählen, aber ich würde es auf meine Weise tun.

Zunächst einmal suchte ich mir die Leute aus, denen ich mein heiliges Geheimnis anvertrauen würde. Nachdem ich die Gruppe auf einige wenige eingegrenzt hatte, traf ich weitere Vorsichtsmaßnahmen. Ich wollte sichergehen, dass die Begegnung wirklich unter vier Augen stattfand. Weiterhin würde ich warten, bis das Gespräch auf meine Gesundheit kam – was natürlich nie ausblieb –, und dann einfach beiläufig einwerfen: „Weißt du, ich bin ja damals bei meinem Unfall gestorben. Und dann war ich auf einmal im Himmel."

Die Reaktionen waren immer dieselben: „Erzähl mir noch mehr davon." Es war natürlich nicht immer derselbe Wortlaut, aber jedes Mal wollten sie, dass ich ihnen mehr von meinen Erlebnissen berichtete. Ich sah, wie sie große Augen bekamen und wie sie von Neugier gepackt wurden.

Wenn ich dann weitererzählte, stellte niemand auch nur im Entferntesten die Frage, ob ich vielleicht ein wenig verwirrt wäre oder ob das alles nur Einbildung gewesen sei.

„Mensch, das musst du noch anderen erzählen", meinte einer.

„Diese Erfahrung ist nicht nur für dich", sagte ein anderer. „Sie ist auch für uns bestimmt. Sie ist genauso für mich."

Im Laufe der nächsten beiden Wochen, in denen ich mit meinen Freunden sprach, wurde mir klar, dass ich wieder an einem ganz ähnlichen Punkt stand wie damals im Krankenhaus, als Jay mir den Kopf zurechtgerückt hatte. Damals wollte ich mir nicht helfen lassen, weil ich zu ichbezogen war. Diesmal wollte ich meine Erfahrungen einfach für mich behalten, und auch dies war Ausdruck meiner Ichbezogenheit.

„Na gut", willigte ich schließlich vor mir selbst ein. „Ich werde anfangen, anderen Menschen von meinen Erlebnissen zu erzählen."

Da so gut wie alle von meinem tragischen Unfall wussten, nutzte ich dies immer als natürlichen Anknüpfungspunkt, um – zunächst sehr vorsichtig – von meiner Zeit im Himmel zu berichten. Dabei erlebte ich immer wieder, dass die Zuhörer mich bestärkten, ich solle unbedingt weitermachen. So wurde ich immer mutiger und traute mich allmählich, meine Erlebnisse auch einem größeren Kreis von Leuten mitzuteilen.

Ich möchte aber ganz klar sagen, dass es mir überhaupt nicht leichtfiel, obwohl ich wusste, dass ich das Richtige tat. Auch heute noch, nach Jahren, widerstrebt es mir im Grunde, über tiefe und persönliche Dinge in meinem Leben zu reden. Bis heute spreche ich nur dann über meine Stippvisite im Himmel, wenn ich ausdrücklich danach gefragt werde, und auch dann nur, wenn mein Gegenüber wirklich interessiert erscheint. Ansonsten erzähle ich nichts davon.

Aus eben diesem Grund habe ich auch so viele Jahre gebraucht, um dieses Buch zu schreiben. Ich wollte nicht, dass die Erfahrung im Himmel und meine Rückkehr auf die Erde mein einziger Lebensinhalt sind. Im Gegenteil. Dieses Erlebnis ist für mich so intim und persönlich, dass es mir bis heute nicht leichtfällt, immer wieder darüber zu reden.

Dennoch tue ich es mittlerweile, sowohl in der Öffentlichkeit als auch bei Begegnungen mit Einzelnen. Und nun schreibe ich sogar darüber, weil meine Geschichte allem Anschein nach viele Menschen sehr bereichert. So findet sich in nahezu jedem größeren Publikum mindestens ein Zuhörer, der vor Kurzem einen geliebten Menschen verloren hat und dem es guttut zu hören, wo die betreffende Person sich nun aufhält.

Ich bin auch immer wieder erstaunt, wie schnell sich nach meinen Vorträgen eine Schlange von Menschen bildet, die mit mir reden wollen. Sie kommen mit Tränen in den Augen und Gesichtern, die von Trauer gezeichnet sind. Ich bin immer wieder sehr dankbar, dass ich ihnen Beistand geben und Gewissheit vermitteln kann.

Inzwischen habe ich die Tatsache angenommen, dass ich so vielen Leuten Trost spenden kann, aber ich habe nie bewusst danach gesucht. Ich bin mir noch nicht einmal sicher, ob ich überhaupt jemals aus der Versenkung gekommen wäre, wenn David Gentiles mich nicht dazu gedrängt hätte.

Heute bin ich sehr dankbar, dass er es getan hat, weil ich die positiven Auswirkungen immer wieder erleben darf, nicht nur in Gottesdiensten, sondern auch wenn ich Beerdigungen abhalte. Meine Erfahrung hat meinen Ausblick auf das Leben als solches sehr nachhaltig verändert. Auch auf Beerdigungen spreche ich heute anders als früher. Ich kann als Augenzeuge aus erster Hand berichten, was ich selbst erlebt habe.

Neben dem Wunder, das mir widerfahren ist, gibt es drei Dinge auf meinem kurzen Abstecher in den Himmel, die besonders ins Auge fallen. Erstens bin ich zutiefst davon überzeugt, dass Gott Gebete erhört. Die Tatsache, dass ich heute noch lebe, ist das Ergebnis von Gebetserhörungen.

Zweitens habe ich überhaupt keinen Zweifel, dass Gott auch heute noch Wunder bewirkt. Viel zu viele Menschen tun die

Berichte von übernatürlichen Erfahrungen in der Bibel ab und meinen: „Das war damals, in biblischen Zeiten." Ich bin überzeugt, dass Gott auch heute noch Dinge tut, die unser menschliches Vorstellungsvermögen sprengen. Ich danke Gott jeden Tag dafür, dass ich selbst ein lebendiges, wandelndes und sprechendes Wunder bin.

Drittens möchte ich, dass so viele Menschen wie irgend möglich in den Himmel gelangen. Ich war immer davon überzeugt, dass es den Himmel wirklich gibt und dass Gottes Volk für diesen Ort bestimmt ist, so wie es die christliche Theologie uns lehrt. Seit ich selbst dort war, spüre ich eine noch stärkere Verantwortung, den Weg dorthin klar zu verkünden. Ich möchte nicht nur, dass Menschen in den Himmel kommen, ich habe auch das dringende Bedürfnis, anderen dabei zu helfen, ihr Leben für Gott zu öffnen, damit sie eine klare Perspektive für die Ewigkeit gewinnen.

Ich muss oft an die Menschen denken, die bei Verkehrsunfällen ums Leben kommen. In manchen Evangelisationsveranstaltungen werden Erfahrungen wie meine gerne eingesetzt, um Leute dazu zu bewegen, Christ zu werden. Da ich es jedoch bereits einmal am eigenen Leibe erfahren habe, erscheint mir die Möglichkeit, jeden Augenblick unseres Lebens zu sterben, durchaus real. Ich möchte nicht, dass irgendjemand ohne Jesus sterben muss.

Irgendwann sprach ich einmal mit Dick Onerecker über dieses dringende Bedürfnis. Er konnte es gut nachvollziehen. Bei dieser Gelegenheit meinte ich: „Dick, ich möchte dir noch einmal ausdrücklich dafür danken, dass du mir damals das Leben gerettet hast. Ich kann dir gar nicht sagen, wie dankbar ich dir bin, dass du bereit warst, trotz Kälte und Regen auf Gott zu hören."

„Das hätte jeder andere sicherlich auch getan", erwiderte er und brach in Tränen aus.

„Ich wollte dir nicht zu nahe treten", meinte ich. Es war mir unangenehm, dass ich etwas gesagt hatte, was ihn so zum Weinen brachte. „Das ist wirklich das Letzte, was ich wollte."

„Das ist es gar nicht, worüber ich weinen muss."

Einige Minuten vergingen, bis er endlich seine Fassung wiedererlangt hatte.

„Was hat dich denn so berührt?", fragte ich.

„Ich musste noch einmal daran denken, wie ich zum Unfallort kam und den Polizisten fragte, ob ich wohl für dich beten kann – das war in meinen Augen eigentlich für einen Christen etwas völlig Normales. Obwohl er mir klipp und klar sagte, dass du tot bist, wusste ich einfach, dass ich für dich beten musste. Es war überhaupt keine Frage für mich. Alles, was in diesem Moment für mich zählte, war die Tatsache, dass du schwer verletzt warst, und ich wollte gerne, dass es dir besser geht. Ich habe an sich überhaupt nichts Außergewöhnliches getan."

„Doch, das hast du", entgegnete ich. „Obwohl der Polizist meinte, ich wäre schon tot, hast du …"

„Schau doch mal, Don: Wenn du ein kleines Kind siehst, das auf die Straße läuft, dann lässt du doch auch alles stehen und liegen und rennst los, um es zu retten. Wir versuchen Menschenleben zu retten. Ich würde jede Gelegenheit nutzen, die sich bietet, um genau das zu tun, und du würdest es nicht anders machen."

Er schwieg einen Moment und ließ seinen Blick über die Gäste im Restaurant schweifen, in dem wir saßen. „Trotzdem sitzen wir hier in diesem Lokal und sind von Menschen umgeben, von denen wahrscheinlich die meisten verloren sind und auf die Hölle zusteuern. Und wir kriegen einfach nicht den Mund auf, um ihnen zu sagen, wie sie ewiges Leben haben können. Irgendetwas stimmt doch nicht mit uns."

„Du hast vollkommen recht“, stimmte ich ihm zu. „Wir sind bereit, Leuten zu helfen, wenn sie in einer äußeren Krise stecken, aber viele sind in einer geistlichen Krise, und wir sagen ihnen nicht, wie sie dort herauskommen können.“

„Darum bin ich so angerührt. Gott hat mir eben gerade aufgezeigt, dass ich einfach den Mund nicht aufmache, weil ich Angst habe, Menschen anzusprechen und ihnen etwas zu sagen.“

Dick erzählte mir an jenem Tag und später noch einmal, dass ihn die Dinge, die ich erlebt habe, und die Rolle, die er bei meiner Rückkehr zur Erde hatte spielen dürfen, zum Zeugnis befreit hätten. Nach diesem Erlebnis war in ihm ein Mut und eine Entschlossenheit gewachsen, Menschen auf Jesus hinzuweisen, wie er sie nie zuvor gekannt hatte.

Die Hand, die mich hielt

Ihr habt Grund, den Herrn, euren Gott, zu rühmen und zu preisen; denn ihr habt mit eigenen Augen gesehen, was für große und schreckenerregende Taten er für euch getan hat.
5. Mose 10,21

Gut ein Jahr nach meinem Unfall hatte ich das Vorrecht, meine Geschichte in Dicks Gemeinde, der *First Baptist Church* in *Klein* (*Texas*) zu erzählen. Seine Frau Anita war auch anwesend, ebenso wie meine eigene Familie. Da ich noch immer Beinschienen trug, brauchte ich zwei Leute, die mich stützten, während ich die Stufen hinauf zum Rednerpult ging.

Ich sprach über meinen Unfall und über die Rolle, die Dick bei meiner Wiederbelebung gespielt hatte. „Ich glaube, dass ich heute nur deshalb noch am Leben bin, weil Dick mich auf die Erde zurückgebetet hat", so meinte ich. „Wenn ich an den Moment denke, an dem ich das Bewusstsein wiedererlangte, sind mir zwei Dinge in Erinnerung geblieben, zum einen, dass ich das Lied *What a Friend We Have in Jesus (Welch ein Freund ist unser Jesus)* gesungen habe, und zum anderen weiß ich noch, dass Dick meine Hand ergriffen und sie ganz fest gehalten hat."

Nach dem Gottesdienst gingen viele von uns zum Mittagessen in ein chinesisches Restaurant. Anita saß mir gegenüber, und ich kann mich noch gut daran erinnern, wie ich meine Wantan-Suppe aß und eine wunderbare Zeit mit den Leuten aus der Gemeinde hatte.

Während die Gespräche am Tisch hin und her gingen, lehnte sich Anita auf einmal zu mir herüber und meinte: „Ich bin sehr dankbar für alles, was Sie heute Morgen gesagt haben."

„Vielen Dank…"

„Es gibt da aber eine Sache, wo ich Sie berichtigen muss."

„Ach, wirklich?", meinte ich ziemlich perplex. „Ich habe versucht, die Dinge so genau wie möglich wiederzugeben. Wo stimmte denn etwas nicht?"

„Sie sprachen davon, dass Dick zu Ihnen ins Auto geklettert sei. Und dann meinten Sie, dass er für Sie gebetet hat, während er Ihre Hand hielt."

„Ja, daran erinnere ich mich noch sehr gut. Ansonsten habe ich aber eine Menge Gedächtnislücken, und an das meiste erinnere ich mich nicht mehr." Ich hatte an jenem Morgen auch keinen Hehl daraus gemacht, dass ich mich in vielen Einzelheiten auf Informationen aus zweiter Hand stützen musste. „Aber ich habe noch sehr klar in Erinnerung, dass Dick bei mir im Auto war und mit mir gebetet hat."

„Das stimmt. Er war bei Ihnen im Auto und betete mit Ihnen." Dann lehnte sie sich noch weiter zu mir herüber und meinte: „Aber Ihre Hand hat er nicht angefasst."

„Aber ich erinnere mich noch ganz genau daran."

„Es ist aber ganz ausgeschlossen. Es war rein räumlich gar nicht möglich."

„Aber ich weiß es doch noch ganz genau. Es ist eines der Details, an die ich mich lebhaft erinnern kann."

„Stellen Sie sich die Szene doch noch einmal vor. Dick lehnte sich vom Heck her über den Kofferraum und die Rückbank zu Ihnen nach vorne und legte Ihnen die Hand auf die *Schulter*. Sie saßen mit dem Gesicht nach vorne auf Ihrem Sitz. Ihr linker Arm war völlig zertrümmert."

„Ja, das stimmt."

„Dick meinte auch, Sie wären mit dem Oberkörper zur Seite auf den Beifahrersitz gekippt gewesen."

Ich versuchte mir vorzustellen, was sie eben gesagt hatte.

„Ihre rechte Hand lag auf dem Boden vor dem Beifahrersitz. Auch wenn das Auto mit einer Plane abgedeckt war, war es doch hell genug, dass Dick Ihre Hand erkennen konnte. Er hatte überhaupt keine Möglichkeit, danach zu greifen.“

„Aber … aber …“, stotterte ich.

„Irgendjemand hat Ihre Hand gehalten, aber Dick kann es nicht gewesen sein.“

„Wenn es nicht Dick war, wer war es dann?“

Sie lächelte und meinte: „Ich denke, Sie wissen vermutlich, wer es war.“

Ich legte den Löffel aus der Hand und starrte sie einige Sekunden lang an. Ich hatte überhaupt keinen Zweifel daran, dass mir jemand die Hand gehalten hatte. Allmählich fing ich an, zu begreifen. „Ja, ich denke, ich weiß es.“

Sofort musste ich an den Bibelvers aus dem Hebräerbrief denken, in dem davon die Rede ist, dass wir, ohne es zu wissen, Engel beherbergen. Während ich den Gedanken auf mich wirken ließ, kamen mir noch eine Reihe von anderen Begebenheiten in den Sinn, die ich im Grunde nur geistlich erklären konnte. Zum Beispiel kam es im Krankenhaus oft vor, dass ich nachts wach lag und vor Schmerzen einfach nicht mehr ein noch aus wusste. Dann hatte ich immer wieder mal das Gefühl, als ob irgendjemand oder irgendetwas im Raum wäre. Ich habe nie jemanden gesehen oder gehört, aber ich spürte, dass da etwas war, das mir Kraft gab und mir Mut machte. Auch davon hatte ich bis dahin noch mit niemandem gesprochen. Ich hatte es mir selbst nicht erklären können, und so war ich einfach davon ausgegangen, dass andere Menschen es nicht verstehen würden.

Auch dieses Erlebnis war wiederum ein Wunder, und ich wäre ihm vielleicht überhaupt nie auf die Spur gekommen, wenn Anita mich nicht auf diesen Irrtum aufmerksam gemacht hätte.

Fünf Jahre nach meinem Unfall waren Dick und ich gemeinsam in Pat Robertsons Fernsehsendung *700 Club* eingeladen. Ein Kamerateam war vorher bei uns in Texas, um den Unfall nachzustellen. In der Sendung ging es dann aber hauptsächlich um meinen Besuch am Himmelstor. Die Sendung wurde in den folgenden zwei Jahren mehrfach ausgestrahlt.

Es ist wie eine Ironie des Lebens, dass Dick im Jahre 2001 an einem Herzinfarkt starb. Ich muss ehrlich gestehen, dass mich die Nachricht von seinem Tod sehr betroffen gemacht hat, doch auf der anderen Seite freute ich mich auch für ihn, dass er nun selbst in die Herrlichkeit eingegangen war. Dick hatte mir das Leben gerettet, und nun hatte Gott ihn noch vor mir in den Himmel aufgenommen. Ich war sehr froh, dass er von meinen Erfahrungen im Himmel hatte hören können, bevor er selbst seinen Weg dorthin antrat.

~

Seit der Begebenheit mit Anita, ein gutes Jahr nach meinem Unfall, bin ich noch mehr davon überzeugt, dass Gott mich aus gutem Grunde hier auf die Erde zurückgebracht hat. Der Engel, der meine Hand ergriff, war eine Zusage Gottes an mich, dass er mir Kraft geben und mich nicht allein lassen würde, so schwer die Zeiten auch werden mochten.

Auch wenn ich diese Hand vielleicht nicht jeden Tag so deutlich spüre, weiß ich doch, dass sie immer da ist.

Eine neue Art von Normalität

„Das ist Jerusalem, die Stadt, nach der niemand mehr fragt. Darum werde ich dich wiederherstellen!“, sagt der Herr. „Ich werde deine Wunden heilen!“
Jeremia 30,17

Manchmal widerfahren uns Dinge, von denen wir uns nie richtig erholen. Danach gibt es einfach kein Zurück zur Normalität mehr. So ist es im Leben nun einmal.

Es ist ein ganz normales menschliches Bedürfnis, dass wir die Uhr gerne wieder zurückdrehen und da weitermachen möchten, wo die Fäden unseres alten Lebens abgerissen sind. Weiser ist es jedoch, das Alte nicht um jeden Preis festhalten zu wollen (wir können es ja auch gar nicht). Wir müssen uns von unseren früheren Maßstäben verabschieden und unsere „neue Normalität“ annehmen.

Ich habe viel Kraft damit vergeudet, darüber nachzugrübeln, wie schön es war, gesund zu sein und keinerlei körperliche Behinderungen zu haben. In meiner Fantasie kehrte ich immer wieder in die gute alte Zeit zurück, als alles noch so war, wie es sein sollte. Dabei wusste ich nur zu gut, dass die Dinge nie wieder so sein würden wie früher, und dass ich mich mit den Begrenzungen abfinden musste, die für mich nun der Normalzustand waren.

Als Kind saß ich oft auf dem großen braunen Teppich im Wohnzimmer meiner Urgroßeltern und hörte ihnen zu, wie sie von der guten alten Zeit erzählten. Nachdem ich mir einige von ihren Geschichten angehört hatte, dachte ich mir dann immer: *Diese Zeit damals war überhaupt nicht so gut – zumindest nicht nach ihren Erzählungen zu urteilen.* Vielleicht waren es aus ihrer Sicht gute alte Zeiten. Vielleicht haben sie auch die negativen Seiten einfach nur ausgeblendet. Irgendwann kommen wir alle an den Punkt, an dem wir uns nach irgendeiner Vergangenheit zurücksehnen, in der alles einfacher, gesünder oder glücklicher war. Wir können die Zeit zwar nicht zurückdrehen, aber wir hängen unseren Träumen nach, wie es früher einmal war.

Als ich Anfang zwanzig war und bei einem Radiosender als Diskjockey arbeitete, haben wir häufig Oldies gespielt, und die Leute, die bei uns anriefen und sich diese alten Titel wünschten, meinten dann immer, früher wäre die Musik einfach besser gewesen als heute. Tatsächlich ist es natürlich so, dass es auch früher gute und schlechte Platten gab, nur dass die schlechten eben schnell wieder in Vergessenheit gerieten, genauso wie die schlechte Musik heutzutage auch. Keiner der Anrufer fragte je nach den misslungenen Titeln von früher. Die Tatsache, dass nur die guten Songs bis heute überlebt haben, verleitet nur sehr leicht zu der Annahme, dass es früher ausschließlich gute Musik gab. In Wirklichkeit gab es auch vor dreißig Jahren schlechte Stücke, ebenso wie vor fünfzig Jahren – und dies sogar nicht zu knapp. Wir neigen nur einfach dazu, das Angenehme im Gedächtnis zu behalten und das Negative zu vergessen. Unsere Erinnerung ist immer selektiv, sowohl im Hinblick darauf, was wir behalten, als auch darauf, was wir vergessen.

Als dieser Gedanke erst einmal zu mir durchgedrungen war, traf ich ganz bewusst die Entscheidung, dass die Vergangenheit unwiederbringlich ist. Sosehr ich mein früheres Leben auch idealisieren mochte – es war aus und vorbei. Ich würde nie wieder so gesund und stark sein wie damals. Es blieb mir nichts anderes übrig, als eine neue Art von Normalität zu finden.

Ja, es gab Dinge, die ich nie wieder würde tun können. Ich konnte mich nur schwer an diesen Gedanken gewöhnen. Er war mir sogar sehr zuwider, doch das änderte nichts an der Realität. Je schneller ich meinen Frieden damit schloss und den Tatsachen ins Auge sah, desto früher konnte ich innerlich zur Ruhe kommen und wieder ein halbwegs normales Leben führen.

Hier ein Beispiel von dem, was ich damit meine:

Anfang 2000 fuhr ich mit einer Gruppe von Studenten aus Houston zum Skiurlaub nach Colorado. Ich war immer ein begeisterter Skifahrer gewesen. Da ich nun nicht mehr mit auf die Piste konnte, saß ich am Fuß des Berges am Fenster des Clubhauses und schaute ihnen zu. Dabei überkam mich eine tiefe Traurigkeit, und ich dachte mir: *Es war ein Riesenfehler, dass ich überhaupt mit hergefahren bin.* Sosehr ich mich auch für meine Studenten freute, trauerte ich doch über die Tatsache, dass ich selbst nie wieder würde Skifahren gehen können.

Dann fielen mir zum tausendsten Mal all die Dinge ein, die für mich nun ein für alle Mal zur Vergangenheit gehörten. Als ich Hauptpastor war, schüttelte ich den Erwachsenen immer nach dem Gottesdienst die Hand. Meistens sagten sie dabei ein paar Worte: „Das war wirklich eine gute Predigt.“ Oder: „Ein schöner Gottesdienst war das.“

Mit Kindern war die Sache jedoch ein wenig anders. Sie kamen angerannt und brachten mir ein Bild, das sie für mich gemalt hatten. Vor dem Unfall fand ich es immer wunderbar, wenn sich eine Traube von Kindern um mich herum bildete. Dann kniete ich mich hin und redete mit ihnen. Seit meinem Unfall kann ich das nicht mehr. Ich kann nicht mehr in die Hocke gehen. Ich kann nicht mehr, wie früher, mit ihnen auf Augenhöhe sein und in ihre leuchtenden Gesichter schauen, weil meine Beine dies heute nicht mehr mitmachen.

Hier noch ein weiteres Beispiel: Wenn ich den *Drive-in-Schalter* von einem Schnellrestaurant benutze, kann ich das

Wechselgeld nicht mehr mit der linken Hand entgegennehmen. Es bleibt mir nichts anderes übrig, als mich zu verrenken und mir, so gut es eben geht, mit der rechten Hand zu behelfen. Das muss schon reichlich sonderbar aussehen, und ich ernte dafür auch regelmäßig verwunderte Blicke. Leider bleibt mir aber nichts anderes übrig.

Diese Beispiele sind natürlich alle nicht weiter dramatisch, aber sie führen uns vor Augen, dass uns manchmal Dinge, die wir für selbstverständlich erachten, plötzlich genommen werden und dass auf einmal nichts mehr so ist wie früher.

~

Während der langen Monate, die ich im Krankenhaus lag, brachte mir irgendwann einmal jemand einen Zeitschriftenartikel mit, in dem es um einen Mann ging, der sein Augenlicht verloren hatte. Daraufhin durchlebte er eine schreckliche Zeit voller Depression und Bitterkeit. In dem Artikel beschrieb er, dass er so völlig in sich zusammengesunken gewesen sei, dass schließlich ein Freund, der fürsorglich genug war, ihm die Wahrheit zu sagen, meinte: „Du musst einfach darüber hinwegkommen."

Ich hielt einen Moment lang inne und dachte: *Ja, das klingt ganz so wie bei mir.* In dem Artikel waren auch einige praktische Ratschläge genannt, die der Mann seinem blinden Freund gegeben hatte: „Ich möchte gerne, dass du eine Liste mit all den Dingen machst, die du auch heute noch kannst."

„Na, was sollte da wohl schon draufstehen?", hatte daraufhin der erblindete Mann aufgebracht erwidert.

„Tu es bitte einfach, mir zuliebe. Du kannst sie natürlich nicht schreiben, aber du kannst dir ein Diktiergerät besorgen und die einzelnen Punkte auf Band sprechen. Sammle alles, was du auch heute noch tun kannst. Was ich meine, sind vor allem die ganz einfachen Dinge, zum Beispiel: ‚Ich kann noch immer den Duft von Blumen riechen.' Mach die Liste so lang wie irgend möglich, und wenn du fertig bist, dann möchte ich sie gerne hören."

Der erblindete Mann willigte schließlich ein und machte eine Liste. Ich habe keine Ahnung, wie viel Zeit verging, aber als die beiden sich wieder trafen, war er völlig ausgeglichen und lächelte sogar.

„Mir scheint, als ob sich bei dir seit dem letzten Mal einiges verändert hat", meinte der Freund.

„Das stimmt. Es ist wirklich so. Durch die Arbeit an meiner Liste hat sich bei mir enorm viel verändert."

„Wie viele Punkte hast du denn gesammelt?"

„Im Augenblick sind es etwa tausend."

„Na, das ist ja großartig."

„Vieles davon sind ganz einfache Dinge. Eigentlich ist überhaupt nichts wirklich Gewaltiges dabei, aber es gibt Tausende von Dingen, die ich immer noch kann."

Der Unterschied zum letzten Mal war so frappierend, dass der Freund fragte: „Sag mal, was hat denn nun eigentlich den Ausschlag gegeben?"

„Ich habe mich entschlossen, meine Möglichkeiten auszuschöpfen. Je mehr ich darüber nachdenke, desto mehr rücken die Begrenzungen in den Hintergrund. Es gibt buchstäblich Tausende von Dingen, die ich noch tun kann – und ich habe den ganzen Rest meines Lebens Zeit, sie alle auszuprobieren."

Nachdem ich den Artikel durchgelesen hatte, dachte ich: „Genau das brauche ich. Ich will nicht mehr trauern, jammern und mir immer wieder ausmalen, was einmal war, was ich einmal konnte und was ich heute nicht mehr kann. Stattdessen möchte ich anfangen zu entdecken, was ich heute habe, nicht nur, um mich daran zu freuen, sondern auch, damit ich klar sehe, dass ich nicht hilflos bin."

Während ich über den Bericht nachdachte, wurde mir bewusst, dass es auch in meinem Leben viel mehr Positives gab, als ich gedacht hatte. Ich war so sehr auf die Dinge fixiert, die ich verloren hatte, dass ich gar nicht mehr wahrnehmen konnte, was mir alles geblieben war. Außerdem taten sich nun neue Möglichkeiten auf, an die ich ohne den Unfall vielleicht nie gedacht hätte.

In dem Artikel war ein Zitat des erblindeten Mannes wiedergegeben, das in etwa wie folgt lautete: „Ich werde mir nicht länger den Kopf darüber zerbrechen, was ich alles nicht mehr kann. Ich werde einfach ganz bewusst die Dinge tun, die ich kann, und zwar richtig." Es schien mir so einfach.

Der Artikel kam damals genau zum richtigen Zeitpunkt, und er berührte mich sehr. Gott hatte ihn mir gerade in dem Moment in die Hände gespielt, als ich ihn brauchte. Es war eine jener Durchbruchserfahrungen, die mich dazu brachten zu sagen: „Das Leben muss weitergehen. Was ich noch habe, werde ich in die Waagschale werfen und das Beste daraus machen."

Es bleibt mir nicht mehr viel Zeit, so dachte ich. *Doch im Grunde gilt dies ja für jeden anderen Menschen ganz genauso.* Ich bin mir dieser Realität nur vielleicht ein wenig klarer bewusst als viele andere Menschen, und zwar aus zwei Gründen: Zum einen hat mein Unfall viel Lebenszeit absorbiert. Und zweitens weiß ich, dass unsere Zeit hier auf der Erde sehr begrenzt ist. Viele alte Kirchenlieder handeln davon, dass wir wie Fremde auf der Durchreise sind. Auch die Bibel spricht davon, ebenso wie viele andere Bücher, aber ich selbst wurde erst durch meinen Unfall wirklich wachgerüttelt.

Außerdem weiß ich, dass die Menschen, die ich in diesem Leben geliebt habe, am Tor des Himmels auf mich warten. Es gibt Tage, an denen ich es kaum erwarten kann, endlich wieder dort sein zu dürfen.

Auf der anderen Seite ist mir aber auch klar, dass ich Geduld haben muss, bis Gott mich wieder dorthin zurückbringt.

~

Einige Leute aus der *South Park Baptist Church* halfen meiner Familie beim Umzug, während ich im Krankenhaus lag. Damals wohnten wir in einem Städtchen namens Friendswood, gut 15 Kilometer von der Gemeinde entfernt. Eigentlich wäre es besser gewesen, wenn wir ein wenig näher gewohnt hätten, aber wir hatten nichts Passendes gefunden. Als ich im Krankenhaus war, machte die Gemeindeleitung ein Haus ausfindig, mietete es, packte unseren Hausstand zusammen und organisierte den Umzug. Als ich aus der Klinik entlassen wurde, kannte ich unser neues Zuhause noch gar nicht. Der Krankenwagen fuhr vor, die Tür ging auf, und ich wurde auf der Trage in ein Haus gebracht, das ich noch nie zuvor zu Gesicht bekommen hatte.

Ich hatte mich sehr schnell an die neue Umgebung gewöhnt, vor allem deshalb, weil ich für lange Zeit ohnehin nur das Wohnzimmer zu sehen bekam, in dem mein Krankenbett aufgestellt war.

In vieler Hinsicht war der Umzug in das gemietete Haus für meine Familie jedoch schwieriger als für mich. Ich bekam wenig davon mit, mit welchen Schwierigkeiten und Umstellungen meine Frau durch den Unfall zu kämpfen hatte. Eva hätte um ein Haar ihre Stelle verloren, weil sie so viel Zeit bei mir im Krankenhaus verbrachte, dass sie sehr schnell ihren ganzen Urlaub und ihre Krankheitstage aufgebraucht hatte, und weil sie kaum noch für Elterngespräche zur Verfügung stand. Eine ganze Reihe von Kollegen traten Eva ihre eigenen

Krankheitstage ab, um ihr die Möglichkeit zu geben, mich weiterhin jeden Tag im Krankenhaus zu besuchen. Irgendwann jedoch waren auch diese Tage aufgebraucht, und sie musste wieder arbeiten gehen. Das war leider auch nötig, denn Evas Gehalt war damals unsere Haupteinkunftsquelle.

Die Lehrerkollegen an der *Robert Louis Stevenson*-Grundschule in Alvin übernahmen es auch für sie, Arbeiten zu korrigieren, Unterrichtspläne zu schreiben und vertraten sie bei anderen Aufgaben, damit sie mittags früher gehen konnte. Die Lehrer machten unseren Kindern sogar jeden Tag kleine Geschenke, damit sie immer etwas hatten, worauf sie sich freuen konnten. „Wunderkisten" nannten sie diese Päckchen. Außerdem kamen die Kollegen, ebenso wie auch die Leute aus der Gemeinde, regelmäßig zu uns nach Hause, um sauber zu machen und Essen vorbeizubringen. Ohne die Hilfsbereitschaft ihrer Kollegen und der Leute aus der Gemeinde hätte Eva mit Sicherheit ihre Stelle verloren und ich auch. Trotz dieser immensen aufopferungsvollen Hilfe ist es bis heute ein Wunder, wie sie und unsere Kinder jenes Frühlingshalbjahr 1989 geschafft haben.

Einmal fragte Eva eine Krankenschwester, wie meine langfristigen Heilungschancen aussahen. Die Schwester meinte darauf ganz lapidar: „Warum wollen Sie das denn alles so genau wissen? Sie sind doch nur die Ehefrau."

In den Augen dieser Krankenschwester war sie vielleicht „nur die Ehefrau", aber nach dem Unfall übernahm Eva neben ihren eigenen auch noch meine Aufgaben. Ich hatte immer die monatlichen Überweisungen gemacht, die Konten überwacht, mich um die Versicherungen gekümmert und die meisten Familienangelegenheiten geregelt. Nun hatte sie keine andere Wahl, als diese Dinge selbst in die Hand zu nehmen, und sie tat es mit Bravour. Eva wuchs an diesen Aufgaben und bekam ein ganz neues Selbstbewusstsein. Gott beschenkte sie mit der Weisheit, die sie brauchte, um all diese Herausforderungen zu bewältigen. Sie lernte auch, ruhig zu bleiben und meinen stetigen Fluss von Klagen und Beschwerden über Monate hinweg geduldig zu ertragen.

Auch die Gemeinde zahlte mir mein Gehalt weiter, obwohl sie gesetzlich nicht dazu verpflichtet gewesen wäre, weil ich schließlich nicht arbeitete. Wir haben damals nie offen über Geld gesprochen, aber die Gefahr, dass die Gemeinde meine Gehaltszahlungen einstellen könnte, schwebte natürlich drohend über uns.

Obwohl per Gerichtsbeschluss festgestellt wurde, dass der Staat Texas für den Unfall haften musste, war die Höhe der Haftungssumme gesetzlich auf maximal 250 000 Dollar begrenzt. Das ganze Geld floss in die Abzahlung der Behandlungskosten, die allerdings so hoch waren, dass selbst eine Viertelmillion Dollar kaum einen Unterschied machten.

Da der Fahrer des Lkws, der mich überrollt hatte, als Strafgefangener unter der Obhut des Staates stand, wurde er vor Gericht paradoxerweise vom Oberstaatsanwalt des Staates Texas vertreten. Ich zahlte also mit meinen Steuergeldern quasi dafür, den Staat und den Mann, der den Unfall verschuldet hatte, gegen mich selbst zu verteidigen. Manchmal ist das Leben schon reichlich sonderbar.

~

Während der ganzen 105 Tage, die ich im Krankenhaus lag, hatte Eva die größte Last zu tragen. Neben ihrer Arbeit als Lehrerin musste sie ja auch noch den gesamten Haushalt führen. Jeden Morgen stand sie um sechs Uhr auf, machte das Allernötigste im Haus und eilte dann zur Schule. Direkt nach dem

Unterricht fuhr sie zu mir ins Krankenhaus, wo sie bis abends gegen 22:30 Uhr blieb. Es war jeden Tag derselbe Stress.

Eine der größten Hürden, die sie überwinden musste – und zwar ganz allein –, war die Anschaffung eines neuen Fahrzeugs, um meinen kaputten Wagen zu ersetzen. Zu diesem Zeitpunkt war ich schon wieder zu Hause und konnte trotz des *Ilizarov*, den ich immer noch trug, bereits wieder ein paar Schritte gehen. Wenn wir jedoch irgendwo außer Haus hin wollten, brauchten wir einen Kleinbus, um mich transportieren zu können. Zu diesem Zeitpunkt war noch nicht absehbar, wie lange es dauern würde, bis ich wieder in einem normalen Auto sitzen konnte.

Eva hatte noch nie zuvor in ihrem Leben ein Auto gekauft, aber sie beklagte sich nicht. Sie fuhr einfach zu einem Autohändler, machte eine Probefahrt, suchte ein Modell aus und brachte den Wagen mit nach Hause.

„Hier ist unser Kleinbus", meinte sie, als sie ihn mir vorführte.

Ich war sehr stolz auf sie – und dankbar.

Dieser Kleinbus war es dann auch, mit dem ich wieder Autofahren lernte, und das kam so: Eines Tages war die ganze Familie mit Autowaschen beschäftigt, und ich ging mit meinem *Ilizarov* am Bein zu ihnen nach draußen. Als ich so um den Wagen herum humpelte, bemerkte ich, dass die Fahrertür offen stand. Ich warf einen Blick hinein und versuchte mir vorzustellen, wie es wohl zu schaffen wäre, mich mitsamt meinen 12 Kilo Stahl am Bein auf den Fahrersitz zu wuchten. Also manövrierte ich mich in einem unbeobachteten Moment irgendwie hinein und ließ den Motor an. Meine Familie traute ihren Augen nicht.

Eva kam um den Wagen herum und meinte: „Na, sag mal, was hast du denn vor?"

„Ich mache eine kleine Spritztour", meinte ich mit einem schelmischen Lächeln.

„A… aber, das geht doch gar nicht!“, stammelte sie völlig verblüfft.

Irgendetwas sagte mir, dass ich ein ganzes Jahr lang nicht mehr am Steuer gesessen hatte und dass, wenn ich je wieder Autofahren wollte, jetzt der Moment gekommen war, es zu wagen.

Ich setzte langsam zurück auf die Straße und fuhr um den Block herum. Obwohl es nur eine kurze Strecke war, hatte ich doch wieder einen weiteren Meilenstein auf dem Weg zur Genesung erreicht. Sattelzüge und lange Brücken mit nur zwei Fahrbahnen sind mir zwar nach wie vor nicht gerade angenehm, aber bislang habe ich es trotz allem geschafft, dorthin zu kommen, wo ich hin wollte.

~

Eva war es auch, die für mich die Termine vereinbaren und dafür sorgen musste, dass ich zweimal wöchentlich zum Arzt kam. Hinzu kam – das muss ich leider zugeben –, dass ich es ihr keineswegs leicht gemacht habe. Ich war sogar ziemlich schwierig. Je mehr sich mein Gesundheitszustand besserte, desto fordernder wurde ich, und ich war oft auch ziemlich kurz angebunden (was mir damals überhaupt nicht auffiel). Dabei verausgabte sich Eva in ihrem Bemühen, es mir recht zu machen, und sie machte ihre Sache wirklich vorbildlich.

Tatsache ist, dass ich damals sehr unglücklich war. Viele meiner Probleme rührten daher, dass ich mich einfach vollkommen hilflos fühlte. Über einen langen Zeitraum hinweg konnte ich mir noch nicht einmal selbst ein Glas Wasser holen. Selbst wenn ich es irgendwie hinbekommen hätte, es mir einzugießen, hätte ich es nicht zum Mund führen können. Der Umstand, dass ich selbst in den kleinsten Dingen des Alltags auf Hilfe angewiesen war, führte dazu, dass ich mir ganz und gar nutzlos vorkam.

Häufig geschah es, dass Eva spontan eine Entscheidung treffen musste, ohne sich mit mir absprechen zu können. Sie tat dies dann nach bestem Wissen und Gewissen. Wenn sie mir anschließend erzählte, wie sie entschieden hatte, kam es nicht selten vor, dass ich ihr sofort kundtat, was ich an ihrer Stelle getan hätte. Meistens wurde mir im nächsten Moment bewusst, dass ich sie damit verletzt hatte, doch leider konnte ich die Sache nicht mehr ungeschehen machen.

Sofort ruderte ich zurück und versuchte die Dinge wieder richtigzustellen, indem ich sagte: „Es tut mir leid. Ich weiß, dass du wirklich dein Bestes gibst."

Es fiel mir schwer, mir beständig vor Augen zu halten, dass es sich eigentlich erübrigte, was ich an ihrer Stelle getan hätte, weil ich in dem aktuellen Augenblick gar nicht in der Lage war, überhaupt irgendetwas zu tun.

Obwohl sie damals nur selten etwas sagte, gestattete sie mir doch später, ihre Tagebuchnotizen aus jenen Tagen zu lesen. Einmal schrieb sie: „Don meckert wirklich über alles, was ich tue. Scheinbar geht es ihm allmählich besser."

Wenn ich die Dinge von meiner heutigen Warte aus betrachte, ist dies amüsant und doch traurig zugleich. Sie wusste, dass es mit mir bergauf ging, weil ich wieder anfing, Entscheidungen an mich zu ziehen. Mein Wunsch, aktiv zu werden und die Dinge selbst zu tun, war für sie der Maßstab dafür, wie meine Genesung voranschritt. Ich drängte darauf, wieder mehr am Leben teilzunehmen, und ich fing an, die Dinge infrage zu stellen, die ich um mich herum sah.

Ich wünschte nur, ich wäre ein angenehmerer Patient gewesen und hätte es ihr nicht so schwer gemacht.

~

Was uns in dieser Zeit als Familie am schwersten fiel, war die Tatsache, dass unsere drei Kinder nicht bei uns zu Hause wohnten. Sie waren zwar keine Waisenkinder, aber sie lebten doch ein halbes Jahr lang von uns getrennt. Unsere beiden Zwillinge wohnten bei Evas Eltern in Louisiana. Ich weiß, dass es ihnen nicht leichtfiel, so weit wegzuziehen, weil sie dadurch das Gefühl hatten, ausgegrenzt und nicht wirklich dabei zu sein, aber sie haben die Zeit trotz allem gut gemeistert. Sie gingen noch in die Grundschule, und es war für sie einigermaßen erträglich, vorübergehend an einem anderen Ort zu leben. Nicole war fünf Jahre älter als die beiden Jungs; sie war damals gerade dreizehn. Dadurch, dass sie bei einer Freundin wohnen konnte, war es möglich, sie an ihrer alten Schule zu lassen. Für sie wäre ein Umzug sicherlich wesentlich traumatischer geworden.

Der Unfall ereignete sich im Januar, und unsere Kinder kamen erst im Juni endgültig wieder zu uns nach Hause. Die Tatsache, dass wir solange nicht für unsere Kinder da sein konnten, war für mich sehr belastend.

Während meines Klinikaufenthaltes besuchten sie mich immer an den Wochenenden, was nicht einfach für sie war. Als sie das erste Mal zu mir ins Krankenhaus kamen, wurden sie zunächst von einem Psychologen empfangen, der sie auf meinen Anblick vorbereitete. Er führte sie in einen separaten Raum und zeigte ihnen eine lebensgroße Puppe, die an alle möglichen Geräte angeschlossen war. Auf diese Weise konnte er ihnen erklären, was sie alles zu sehen bekommen würden, wenn sie mein Zimmer betraten.

Ich bin sehr froh darüber, denn viele Erwachsene, die nicht auf diese Weise vorbereitet wurden, waren offensichtlich geschockt, als sie mich zum ersten Mal sahen. In meinem damaligen Zustand interpretierte ich solche Reaktionen als Abscheu.

Als die Kinder mich zum ersten Mal besuchten, kamen sie alle drei so nahe wie nur möglich an mich heran und umarmten mich. Sie liebten ihren Papa und wollten sich selbst davon überzeugen, dass es mir gut ging. Mein Leben hing damals am seidenen Faden, aber trotzdem tat es mir gut, sie einfach nur zu sehen. Das Pflegepersonal erlaubte ihnen immer nur einen sehr kurzen Besuch. Obwohl ich so entsetzlich aussah, glaubten mir die Kinder, als ich ihnen fest versprach, dass ich wieder gesund werden würde.

Nachdem sie gegangen waren, war Eva noch einmal zu mir auf die Intensivstation zurückgekommen. Ich selbst erinnere mich gar nicht mehr daran, wie ich mich auch sonst nicht an allzu vieles aus dieser Zeit erinnere. Sie erzählte mir später, ich hätte sie mit meiner Sauerstoffmaske im Gesicht angeschaut und gemeint: „Wir haben wirklich die besten Kinder, die man sich überhaupt vorstellen kann."

Ich habe nie den Eindruck gehabt, dass unsere Kinder in irgendeiner Weise das Gefühl hatten, dass ihnen etwas entgangen ist, wenn ich auch manchmal fand, dass sie um bestimmte Erfahrungen mit ihrem Vater betrogen wurden.

Ich erinnere mich noch gut daran, wie ich nach meiner Entlassung aus dem Krankenhaus einmal versuchte, mit meinen Jungs Ball zu spielen, obwohl ich kaum zwei Schritte laufen konnte. Wenn sie den Ball einmal so warfen, dass er nicht direkt in meinen Armen landete, dann hatte ich keine Möglichkeit, ihm nachzulaufen. Es tat den beiden immer furchtbar leid. Ich merkte, dass meine Behinderung dazu führte, dass sie das Spiel nicht wirklich genießen konnten, und so hörten wir auf. Auch wenn sie es nicht sagten, wusste ich doch, dass sie einfach nicht mit ansehen mochten, wie ich versuchte zu rennen, oder wie ich es riskierte zu fallen, obwohl ich natürlich öfter einmal hinfiel.

Außerdem gehen unsere beiden Jungs gerne surfen, und vor dem Unfall bin ich oft mit ihnen mitgefahren. Nachdem ich wieder laufen und Auto fahren konnte, haben wir oft die Surfbretter ins Auto geladen, und ich bin mit ihnen ans Meer gefahren. Da ich selbst nicht mehr surfen konnte, musste ich mich damit begnügen, ihnen vom Strand aus zuzuschauen. Sie schienen immer vollstes Verständnis zu haben, aber es fiel mir doch enorm schwer.

Ich habe keinen Zweifel daran, dass es eine Menge Aktivitäten gab, auf die meine Jungs Lust gehabt hätten, aber sie haben nie darüber geredet, weil sie mich nicht in die Verlegenheit bringen wollten, das Risiko einzugehen, mich zu verletzen. Darum habe ich schon das Gefühl, dass meine Söhne um einige Erfahrungen betrogen wurden, die für Jungs in diesem Alter an und für sich normal sind.

Nicole hatte als Mädchen ihre ganz eigene Beziehung zu „ihrem Papa“. Sie war unser ältestes Kind, und sie brachte ihre Gefühle ganz anders zum Ausdruck als Joe, der in jungen Jahren sehr emotional war. Chris dagegen war schon immer Mister Cool, der mit seinen Gefühlen viel mehr hinter dem Berg hält als sein Zwillingsbruder, obwohl er sehr sensibel ist.

Während der Arbeit an diesem Buch bat ich jedes einzelne von meinen Kindern, mir ein wenig dazu zu sagen, wie der Unfall sie persönlich und unsere Familie in Mitleidenschaft gezogen hat und wie ihre Wahrnehmung von mir durch diese Erfahrung verändert wurde. Nicole war zu dem Zeitpunkt meines Unfalls dreizehn Jahre alt. Hier ist ihre Antwort:

Die größte Veränderung war für mich die Tatsache, dass ich mehrere Monate lang nicht bei meinen Eltern wohnte. Ich war in dieser Zeit bei den Mauldins, einer Familie aus unserer Gemeinde. Der Unfall hat mich gelehrt, wie wichtig mir meine

Familie ist. Ich empfinde, dass zwischen uns eine große Nähe gewachsen ist, und ich habe gemerkt, dass ich mich glücklich schätzen kann, zu dieser wunderbaren Familie zu gehören. Außerdem ist mir klar geworden, dass ich Menschen in Krisensituationen etwas zu geben habe, weil ich selbst schon sehr früh gelernt habe, wie mir das Gebet und die Unterstützung von Freunden durch schwere Zeiten hindurch geholfen haben. Zudem sehe ich das Leben seitdem mit ganz anderen Augen. Ich habe schon in jungen Jahren gelernt, dass das Leben sehr kostbar ist und dass wir jeden Augenblick bewusst leben müssen.

Ich glaube, dass unsere Familie durch den Unfall enorm zusammengerückt ist. Ich glaube, dass wir eine Familie sind, in der einer für den anderen da ist, und dass wir alles tun würden, um uns gegenseitig zu helfen. Meine Brüder und ich haben eine ganz besondere Beziehung zueinander, wie man sie sonst unter Geschwistern nicht immer findet. Durch Papas Unfall haben wir gelernt, wie wichtig es ist, füreinander da zu sein. Mama ist in dieser Zeit viel belastbarer und unabhängiger geworden, weil sie auch noch all die Dinge übernehmen musste, um die Papa sich sonst immer gekümmert hatte. Es tut mir nur leid, dass Papa das alles durchmachen musste, damit in unserer Familie ein solcher Zusammenhalt entstehen konnte.

Die Tatsache, dass Papa so schwer verletzt wurde, hat mir zum ersten Mal vor Augen geführt, dass er verwundbar ist. Vor dem Unfall hatte es immer den Anschein gehabt, als ob er quasi unverwundbar sei. Doch im Laufe der Jahre ist mir bewusst geworden, dass er durch den Unfall sogar noch an Stärke gewonnen hat. Wenn er auch in körperlicher Hinsicht bleibende Schäden davongetragen hat, kenne ich doch niemanden, der in geistlicher und psychischer Hinsicht so stark ist wie er.

Ich finde es faszinierend, dass ein Mensch, der so viel durchgemacht hat wie er, dennoch so warmherzig und liebevoll ist und Gott mit einer solchen Hingabe dient.

Lange Zeit war ich ziemlich wütend darüber, dass dieser Unfall passieren musste, aber ich bin dadurch gewachsen. Es wurde mir bewusst, wie glücklich wir uns schätzen können, dass wir Papa noch haben, und wie sehr das Unglück dazu beigetragen hat, uns enger zusammenzuschweißen. Wenn er damals gestorben wäre, weiß ich nicht, wie ich die schweren Zeiten in meinem Leben überstanden hätte. Es ist etwas Besonderes, einen Menschen als Ratgeber an seiner Seite zu haben, der schon einmal im Himmel war, der zahllose Operationen hinter sich hat und der aus einem so reichen Erfahrungsschatz schöpfen kann. Umso wichtiger ist mir heute sein Rat.

Joe war acht Jahre alt, als der Unfall geschah, und dies ist seine Stellungnahme:

Das Erste, woran ich mich noch erinnern kann, ist, wie ich von einer Lehrerkollegin meiner Mutter abgeholt wurde. Als ich meine Mutter in Tränen aufgelöst sah, war mir klar, dass irgendetwas ganz Schlimmes passiert sein musste.

Ich erinnere mich auch noch, wie wir ins Krankenhaus gingen, um Papa zu besuchen. Sie zeigten uns eine Puppe, die so hergerichtet war wie er, um uns auf seinen Anblick vorzubereiten. Es war wirklich ziemlich schlimm, ihn so zu sehen. Wir sind nur kurz bei ihm gewesen, was mir ganz recht war, weil es mir überhaupt nicht behagte, wie Papa aussah. Chris und ich mussten dann anschließend zu unseren Großeltern nach Louisiana ziehen. Am Anfang fand ich es toll, aber dann fing ich allmählich an, meine Familie zu vermissen. Ich war wirklich froh, dass ich wenigstens meinen Zwillingsbruder bei mir hatte. An den Wochenenden fuhren wir von Bossier City nach Houston. Das war auch bald nicht mehr allzu aufregend.

Das Schlimmste am Unfall war die Tatsache, dass wir nie mit unserem Papa zusammen zum Camping oder zum Angeln fahren konnten wie andere Kinder. Bis heute denke ich oft, wie sehr mir solche Erfahrungen gefehlt haben. Manchmal habe ich das Gefühl, dass ich um etwas betrogen wurde, und das macht mich wütend und niedergeschlagen. In den letzten Jahren konnte ich dann doch noch hin und wieder mit meinem Vater zusammen angeln und zelten gehen. Ich weiß gar nicht, ob er sich wirklich dessen bewusst ist, wie glücklich mich das macht.

Durch den Unfall wurde mir auch deutlich, wie vielen Leuten wir als Familie etwas bedeuteten und wie sehr wir uns auf sie verlassen konnten. Ich weiß nicht, wie wir diese Zeit überstanden hätten, wenn Gott nicht Teil unseres Lebens gewesen wäre.

Und hier die Antwort von Chris:

Für einen Achtjährigen ist sein Papa einfach ein Held. Er erscheint unangreifbar. Als ich zum ersten Mal von Papas Unfall erfuhr, machte ich mir keine Vorstellung davon, wie schlimm es wirklich um ihn stand. Mama war sehr beunruhigt, und als sie mir davon erzählte, konnte sie ihre Tränen kaum verbergen. Aber Papa war in meinen Augen immer der Starke; ich hatte ihn noch nie weinen gesehen. Selbst als ich ihn auf der Intensivstation sah, mit all den Monitoren um ihn herum und der Sauerstoffmaske, und obwohl er kaum sprechen konnte, war ich fest davon überzeugt, dass er innerhalb von einer Woche wieder zu Hause sein würde.

Von den meisten der großen Operationen habe ich gar nichts mitbekommen. Wenige Tage nach dem Unfall bin ich zu meinen Großeltern gezogen und sah meinen Vater nur noch an den Wochenenden. Diese kurzen Begegnungen führten mir schließlich nach und nach vor Augen, wie schwer verletzt er war, sowohl körperlich als auch in seinem Geist.

Die Metallgehäuse, die er an seinem linken Arm und seinem Bein trug, übten eine große Faszination auf mich aus, aber ich wusste auch, dass sie ihm enorme Schmerzen bereiteten. Er sah immer völlig gerädert aus, so als wäre er gerade eben erst aufgewacht oder als hätte er gar nicht wirklich geschlafen. Manchmal hatte es für mich auch den Anschein, als ob ihm mein Besuch zu viel war und als ob er am liebsten überhaupt niemanden sehen wollte. Obwohl ich damals keine Ahnung hatte, was eine Depression ist, spürte ich doch, dass er darunter litt.

Wenn ich zu ihm zu Besuch kam, ging ich immer als Erstes langsam zu seinem Bett, legte die Arme um ihn und drückte ihn ganz sanft. Zum ersten Mal in meinem Leben schien es mir so, als ob er zerbrechlich wäre. Auch als er aus dem Krankenhaus kam, blieb ich bei diesem Ablauf. Nach der Schule ging ich immer zuerst zu Papa ans Bett und umarmte ihn. Diese Geste diente sicherlich ebenso sehr dazu, mich selbst rückzuversichern, wie auch meinen Vater zu trösten. Ich hoffe zumindest, dass sie beides bewirkt hat.

Als mein Bruder Joe und ich älter wurden und der Genesungsprozess bei meinem Vater voranschritt, wuchs bei uns Jungs das Interesse an Sport und Aktivitäten in der Natur. Papa gab sich alle Mühe, um mit uns mitzuhalten. Ich kann mich noch gut daran erinnern, wie schrecklich ich mich fühlte, wenn ich den Football ein wenig zu weit warf, sodass er ihn nicht erreichen konnte. Er stolperte dann, und manchmal fiel er auch hin. Nicht selten konnte ich dann die Tränen kaum zurückhalten, und ich bin mir sicher, dass es ihm oft ganz genauso erging. Aber in emotionaler Hinsicht war Papa immer für mich da. Er nimmt immer regen Anteil an allem, was seine Kinder tun. Ich denke, irgendwie sind wir sicherlich auch ein kleiner Ausgleich dafür, dass er das Paradies aufgeben musste.

Der Unfall trug sehr dazu bei, dass wir als Familie enger zusammengewachsen sind. Aus purer Notwendigkeit haben wir alle ganz neue Rollen eingenommen: Mama wurde die Entscheidungsträgerin und Ordnungshüterin, und ich tat mein Bestes, um mich als Mann im Haus zu bewähren. Oft habe ich damit sicherlich mehr Streit gestiftet, aber mit der Zeit wurde das besser. Ich lernte es, mich auf die anderen zu verlassen, so wie sie sich auch auf mich verließen. Nicole bemutterte Joe und mich, so gut sie konnte.

Nach dem Unfall litt Vater für Jahre unter Depressionen – in einem gewissen Maße hat er bis heute damit zu kämpfen. Vielleicht hatte er dieses Problem ja auch bereits vor dem Unfall, aber wenn es so war, ist es mir nie aufgefallen. Mein Papa ist ein extrem unabhängiger Mensch, und er lässt seine Familie nie wirklich in die dunkelsten Winkel seiner Seele blicken. Ich glaube, da bin ich ihm gar nicht so unähnlich.

Und nun Evas Stellungnahme dazu, wie sich ihre Wahrnehmung meiner Person nach dem Unfall geändert hat:

Was mich am meisten überrascht hat, war Dons mangelnder Lebenswille in den ersten Tagen nach dem Unfall. Er war immer ein Kämpfer gewesen, der sich und andere beständig drängte, über sich hinauszuwachsen. Als er bei den Atemübungen nicht mitmachte, erkannte ich ihn fast nicht wieder. Auch die Depression war etwas ganz Neues. Ich lernte es, die Anzeichen zu erkennen, wenn wieder einmal eine „schlechte Phase" nahte. So wurde es stets schwieriger, sobald die Schmerzen zunahmen, denn dann schlief er nicht gut, und die Stressanfälligkeit nahm stark zu.

Im Laufe der Jahre habe ich die Erfahrung gemacht, dass Don sich irgendwann immer wieder fängt, wenn ich ihn einfach in Ruhe lasse. Wenn ich in solchen Zeiten manchmal den Wunsch verspürte, ihm das eine oder andere zu sagen, das er nicht gerne hören wollte, dann musste ich lernen, es mir zu verkneifen – was mir natürlich nicht immer ganz gelungen ist.

Heute sehe ich Don nicht mehr als eine versehrte Person, obwohl ich weiß, dass er versehrt ist und es immer bleiben wird. Don lebt jetzt so ein aktives und intensives Leben, dass ich seine Schmerzen und Behinderungen leicht vergesse. Mein Mann ist wirklich ein bewundernswerter Mensch.

~

Was meine Genesung anbelangte, waren meine Kinder vermutlich zuversichtlicher als ich. Sie haben nie miterlebt, wie ich Krankengymnastik machte, wie ich vor Schmerzen nicht mehr ein noch aus wusste, wie ich erbrach, weil mir immer schlecht wurde, wenn ich zu abrupt aufgestanden war. Wir versuchten ihnen dies alles nach Möglichkeit zu ersparen. Eva aber bekam alles mit, doch sie bemühte sich, die Kinder diesbezüglich außen vor zu lassen.

Auch wenn sie es nicht zugeben, gibt es im Leben meiner Kinder doch vermutlich eine „Vaterlücke", vor allem bei den Zwillingen. Sie waren damals gerade acht Jahre alt, und so konnte ich in einer wichtigen Entwicklungsphase ihres Lebens nicht zur Verfügung stehen, um mit ihnen Sport zu treiben oder zelten zu gehen.

Im Rückblick denke ich, dass der Unfall auch im Leben meiner Eltern sicherlich tiefere Spuren hinterlassen hat als bei irgendjemandem sonst. Sie waren bis ins Mark erschüttert. Ich bin der älteste von drei Söhnen, und wir waren alle drei immer vollkommen gesund gewesen. Doch dann plötzlich, nach 38 Jahren, traf sie mein Unfall wie ein Stich ins Herz. Sie fühlten sich völlig hilflos, und lange Zeit dachten sie, dass ich vermutlich nicht durchkommen würde.

Mein Vater war sein Leben lang Berufssoldat gewesen, und meine Mutter hatte im Laufe der Jahre gelernt, sich mit nahezu allem zu arrangieren. Doch als sie in der ersten Woche nach meinem Unfall ins Krankenhaus kamen, um mich zu besuchen, erlitt meine Mutter einen Schwächeanfall. Mein Vater fing sie auf und half ihr aus dem Zimmer. Mein Anblick hatte sie völlig unvorbereitet getroffen.

Ich bin mir bis heute nicht ganz sicher, ob meine Mutter sich wieder ganz von meinem Unfall erholt hat. An dieser Stelle möchte ich gerne zwei von vielen wunderbaren Erinnerungen mit Ihnen teilen, die zeigen, wie hingebungsvoll meine Eltern in dieser schweren Zeit für mich waren.

Zum einen hatte Eva sich zu allem Überfluss entschlossen, in den Sommerferien nach meinem Unfall auch noch mit den Jugendlichen der *Southpark Church* auf Sommerfreizeit zu fahren. Dies wäre eigentlich meine Aufgabe gewesen, wenn ich dazu körperlich in der Lage gewesen wäre. Doch sie packte die Sache mit großem Elan an, auch wenn dies bedeutete, dass jemand während ihrer Abwesenheit bei mir bleiben musste, um mich zu versorgen.

Meine Mutter war glücklich, einspringen zu können. Die Sommerfreizeit kam, und Eva ließ mich in ihrer Obhut zurück. Meine Mutter bereitete mir die Mahlzeiten, und ich war sehr froh, dass sie da war. Nur eine der täglichen Aufgaben, die sie zu übernehmen hatte, machte mir Kopfschmerzen: Sie musste meine Bettpfanne und die Urinflasche leeren. Natürlich hatte sie mich als Baby gewickelt, aber seither waren ja nun schon einige Jahre ins Land gegangen.

Ich erinnere mich noch, wie ich sie das erste Mal um die Bettpfanne bitten musste. Sie tat so, als ob dies die normalste Sache der Welt wäre. Nachdem ich fertig war, traute ich mich kaum, es ihr zu sagen.

Sie ersparte mir jedoch die Peinlichkeit, indem sie nach kurzer Zeit wieder hereinkam und von sich aus fragte. Ich nickte, und sie trug gleich meine Bettpfanne ins Badezimmer hinaus. Was ich dann hörte, verblüffte mich zutiefst. Nachdem sie die Toilettenspülung betätigt hatte, begann sie zu singen. Obwohl sie so ziemlich die niedrigste Verrichtung ausübte, die wir als Menschen füreinander tun können, sang sie, während sie die Bettpfanne auswusch. Es war so, als ob ihre ganze mütterliche Fürsorge in diesem einen Augenblick gegenwärtig war. Ihr Sohn war in einer Situation, in der er nicht selbst für sich sorgen konnte, und sie war zur Stelle, um für ihn da zu sein. Für sie war es eine große Freude und Erfüllung und für mich eine unglaublich wertvolle Erinnerung, weil darin eine Fürsorglichkeit und Hingabe sichtbar wurde, wie sie wohl nur eine Mutter je haben kann.

Weiterhin erinnere ich mich an einen sehr persönlichen Moment mit meinem Vater, der ebenso intensiv und zeichenhaft war. Eines Tages waren meine Eltern zum x-ten Male bei mir im Krankenhaus zu Besuch. Sie waren gerade dabei, sich zu verabschieden, um die 350 Kilometer weite Heimfahrt nach Bossier City in Louisiana anzutreten, als meine Mutter aus irgendeinem Grund für einen Moment das Zimmer verließ, sodass mein Vater und ich allein waren. Er kam sofort nahe an mein Bett, und ich spürte, wie er mit seinen knochigen Fingern meine rechte Hand ergriff, die beim Unfall unverletzt geblieben war. Er beugte sich über mich und meinte tief bewegt und mit ehrlicher Überzeugung: „Ich würde alles geben, wenn ich nur mit dir tauschen und das alles auf mich nehmen könnte."

Er ist mein Vater, und in diesem Moment wurde mir mehr als je zuvor klar, wie sehr er mich liebt.

~

Mein behandelnder Arzt meinte immer wieder: „Wir haben für Sie wirklich unser Möglichstes getan, aber seien Sie darauf gefasst, dass Sie womöglich kein langes und produktives Leben führen werden. Sie werden im Laufe der Jahre zunehmend Probleme mit Arthritis und einer Reihe von anderen Komplikationen bekommen, und es wird zunehmend schwierig für Sie sein, das Maß an Mobilität aufrechtzuerhalten, das Sie heute erreicht haben."

Er wusste, wovon er sprach. Inzwischen sind seit meinem Unfall fünfzehn Jahre vergangen, und ich spüre bereits die ersten Anzeichen einer beginnenden Arthritis. Wetteränderungen machen mir zu schaffen, und ich ermüde schneller. Manches davon mögen vielleicht ganz normale Alterserscheinungen sein, aber ich denke, es ist nicht zuletzt auch darauf zurückzuführen, dass ich gezwungen bin, meine Beine und meine Knie in einer Weise zu gebrauchen, die einfach nicht Gottes ursprünglichem Bauplan entspricht.

Heute schon lässt sich mein linkes Knie sehr leicht nach vorne überdehnen. Wenn mir also jemand von hinten freundschaftlich auf die Schulter klopft, dann muss ich sehr aufpassen, dass ich nicht vornüberfalle. Ich kann mein linkes Knie nicht einrasten, um mich aufzufangen und das Gleichgewicht nicht zu verlieren.

Ich nehme es mit Humor und sage dann immer: „Ich habe schon mit einigen der schönsten Orte in Texas Bodenkontakt gehabt.“ Oder: „Ich hatte sogar schon den Gedanken, ob ich nicht kleine Messingschildchen in Auftrag geben sollte mit der Aufschrift: Hier stürzte Don Piper.“

Einmal leitete ich im texanischen Hügelland eine Konferenz unter freiem Himmel. Das Gelände war sehr uneben, und wenn ich ging, geschah es hin und wieder, dass mir einfach das Knie wegsackte und ich hinfiel. Ich tat mir zwar nicht ernsthaft weh, aber allein am ersten Tag ging ich dreimal zu Boden.

Trotz aller ärztlicher Bemühungen ist eines meiner Beine nach wie vor drei Zentimeter kürzer als das andere. Dadurch ist mein Rückgrat ständig gekrümmt. Es sind bereits die ersten Verschleißerscheinungen an der Wirbelsäule sichtbar, ebenso wie an meinen Hüftgelenken. Mein linker Ellbogen ist so stark geschädigt, dass ich den Arm nicht mehr ausstrecken kann. Die Ärzte haben alles versucht, was in ihrer Macht stand, einschließlich mehrerer Operationen. Das Ellbogengelenk war auf der Innenseite gebrochen, und nachdem der Bruch ausgeheilt war, konnte ich den Arm nicht mehr strecken. Um es mit den Worten meines Orthopäden zu sagen: „Das Gelenk ist einfach verkorkst.“

Bei einer Verletzung von solchem Ausmaß, so meinte er, gibt es einfach kein Zurück mehr. Wenn der Schaden erst einmal passiert ist, lässt er sich nur sehr schwer wieder richten.

Auch das ist ein Stück dieser neuen Normalität, an die ich mich gewöhnen muss.

~

Einmal bat mich Dr. Tom Greider im Anschluss an eine Nachuntersuchung noch in seine Privaträume neben seinem Büro. Obwohl er extrem viel zu tun hatte, spürte ich doch immer, dass er wirklich ehrlich an mir interessiert war, und wir kamen immer wieder über alle möglichen Dinge miteinander ins Gespräch.

Diesmal fragte ich ihn einfach ganz direkt: „Tom, wie schlimm stand es eigentlich um mich, als ich nach dem Unfall eingeliefert wurde?"

Er antwortete ganz ehrlich: „Ich habe schon schlimmere Fälle gesehen." Nach einer kurzen Pause stützte er sich auf seinen Schreibtisch und meinte: „Aber keiner von denen hat es überlebt."

Ich muss mich zwar mit manchem arrangieren, was mir nicht gefällt und mich stark einschränkt, doch ich lebe noch. Und solange ich lebe, habe ich die Absicht, Jesus Christus zu dienen.

Auf der anderen Seite weiß ich aber auch schon jetzt, was vor mir liegt und mich erwartet. Ich bin bereit, das Leben auf dieser Erde jeden Moment hinter mir zu lassen.

Etwas bewirken

Gepriesen sei der Gott und Vater unseres Herrn Jesus Christus! Er ist ein Vater, dessen Erbarmen unerschöpflich ist, und ein Gott, der uns nie verzweifeln lässt. Auch wenn ich viel durchstehen muss, gibt er mir immer wieder Mut. Darum kann ich auch anderen Mut machen, die Ähnliches durchstehen müssen. Ich kann sie trösten und ermutigen, so wie Gott mich selbst getröstet und ermutigt hat.
2. Korinther 1,3–4

Manchmal stelle ich Gott auch heute noch die Frage, warum ich nicht im Himmel bleiben durfte. Ich habe keine Antwort darauf. Aber ich habe festgestellt, dass Gott mir immer wieder Menschen über den Weg führt, die mich brauchen, oder die meine Botschaft hören müssen, damit ich ihnen mit dem, was ich erlebt habe, dienen kann.

Eine der ersten Begegnungen dieser Art erlebte ich nach einer Gastpredigt in einer großen Gemeinde. Ich war dort eingeladen worden, um ganz explizit über meine Erfahrung im Himmel zu sprechen. Kurz nachdem ich meine Predigt begonnen hatte, sah ich, wie einer Frau, die links von mir ziemlich weit vorne saß, dicke Tränen über die Wangen liefen. Direkt nachdem der Gottesdienst vorbei war, kam sie zu mir und ergriff meine Hand.

„Meine Mutter ist letzte Woche gestorben."

„Oh, das tut mir wirklich leid für Sie", erwiderte ich.

„Aber nein, Sie verstehen mich falsch. Gott hat Sie heute Abend hierhergebracht. Ich brauchte einfach diese Art von Zuspruch. Es ist nicht so, dass ich es nicht schon vorher geglaubt hätte, aber mein Herz war einfach so schwer, weil sie nicht mehr da ist. Jetzt geht es mir so viel besser. Ich weiß jetzt, dass sie wirklich an einem Ort ist, an dem es ihr unvergleichlich viel besser geht. Lieber Pastor Piper, ich habe diese Predigt heute Abend wirklich gebraucht."

Noch bevor ich etwas dazu sagen konnte, nahm sie mich in den Arm und meinte: „Und Gott hat auch *mich* heute Abend hierhergebracht, weil er wusste, dass ich genau das hören musste. Nicht dass ich das alles nicht gewusst hätte. Ich bin ja Christ, und meine Mutter war es auch, aber ich brauchte einfach diese Zusage. Ich musste es einfach aus dem Mund von jemandem hören, der selbst im Himmel gewesen ist."

Soweit ich mich erinnern kann, war sie die erste Person, die mir so etwas gesagt hat, aber sie war beileibe nicht die letzte. Ich habe es buchstäblich Hunderte von Male gehört, und ich bin selbst immer wieder erstaunt, dass ich für so viele Menschen ein Segen sein kann, indem ich einfach nur davon erzähle, was ich erlebt habe.

Für die Menschen, die schon an Gott glauben, ist meine Geschichte immer wieder eine große Ermutigung, für Skeptiker ist sie dagegen oft ein Anstoß, um sich ernsthaft mit Gott auseinanderzusetzen.

~

Zwei Jahre nach meinem Unfall, als ich noch immer Beinschienen trug und Krücken brauchte, fuhr ich mit einer Gruppe von jungen Leuten zu einer Konferenz in der *Houston First Baptist Church*. Gastredner war Dawson McAllister, ein wunderbarer Jugendprediger. Durch seine Popularität war das ganze Auditorium voll.

Wie es eben so ist, wenn man mit Jugendlichen arbeitet, kamen wir erst viel später los, als ich ursprünglich geplant hatte.

Ich sagte zwar nichts, aber ich war doch ziemlich verärgert über die Verspätung. Eigentlich hatte ich gewollt, dass wir frühzeitig vor Ort sind, weil ich wusste, dass es keine guten Plätze mehr gab, wenn man nicht mindestens eine Stunde vor Beginn der Veranstaltung dort war.

Ich versuchte meinen Ärger zu verbergen, aber als wir in Houston ankamen, war ich immer noch ziemlich geladen. Wir betraten den riesigen Saal, und es war klar, dass die Dinge genauso lagen, wie ich es erwartet hatte. Unten waren alle Plätze besetzt, und so blieb uns nichts anderes übrig, als die Treppen hinauf nach oben zu gehen.

Ich stöhnte bei dem Gedanken, noch weiter laufen zu müssen. Ich war zwar wieder recht mobil, aber durch die Beinschienen und den Druck der Krücken in den Armbeugen war ich doch allmählich erschöpft. Zu allem Überfluss war auch noch der Aufzug kaputt.

Wenn doch diese eine Person nicht zu spät gekommen wäre, dachte ich, *dann müsste ich mich jetzt nicht diese Treppen hinaufquälen.*

Es waren nicht nur ein paar Stufen. Das Auditorium war so voll, dass nur noch die hintersten Reihen auf der Empore frei geblieben waren. Unsere Jugendlichen rannten natürlich voraus, um diese Plätze zu ergattern. Sie versprachen, mir einen Außenplatz freizuhalten. Ich zählte 150 Stufen, die ich erschöpft und voller Schmerzen erklimmen musste.

Als ich schließlich oben ankam, war ich völlig außer Atem. Ich schaffte es kaum noch auf die andere Seite hinüber, wo die Jugendlichen mir meinen Platz reserviert hatten. Bevor ich mich hinsetzte, was auch wieder ein Kraftakt war, verschnaufte ich einen Moment, indem ich mich gegen die Wand lehnte. Während ich Atem schöpfte, fragte ich mich: *Was mache ich hier eigentlich*?

Natürlich hätte ich auch jemand anderen bitten können, als Begleiter mitzufahren, aber es war mir wirklich ein Bedürfnis gewesen. Außerdem wusste ich, dass dieser Ausflug für die Jugendlichen ein ganz besonderes Erlebnis sein würde, und da wollte ich einfach gerne dabei sein. Die Stimmung im Saal war toll, es wurde gelacht, und es ging die ganze Zeit hoch her. Für die Jugendlichen war der Abend ein großer Segen und ein gewaltiger Ansporn, während ich einfach nur erschöpft war.

In dem Augenblick, in dem ich dort so an der Wand lehnte, verfiel ich in tiefstes Selbstmitleid. Ich ließ meinen Blick über das Auditorium schweifen und entdeckte dabei im übernächsten Block einen Teenager, der im Rollstuhl saß. Er saß mit dem Rücken zu mir und hatte den Kopf auf die Hände gestützt. Während ich ihn so anschaute, wusste ich einfach, dass ich zu ihm hingehen und ihn ansprechen musste. Es war überhaupt keine Frage für mich, und auf einmal war alle Erschöpfung wie weggeblasen.

Ich lehnte die Krücken gegen die Wand und begann, mich unter Schmerzen die Treppen hinunter zu ihm vorzuarbeiten. Er war ein großer und gut aussehender Junge, der so um die sechzehn Jahre alt gewesen sein mochte. Als ich näher kam, sah ich, warum ich ihn ansprechen sollte. Er trug einen *Fixateur externe* – das hatte ich von meiner Position hinten gar nicht gesehen. Meine ganze Müdigkeit und auch die ganze Wut und das Selbstmitleid waren mit einem Schlag verflogen. Es war so, als ob ich mich selbst im Rollstuhl sitzen sah. Die Schmerzen, die ich erlebt hatte, waren auf einmal wieder präsent.

Er schaute in eine andere Richtung. Als ich ihm die Hand auf die Schulter legte, drehte er den Kopf und starrte mich an.

„Das tut ganz schön weh, nicht wahr?“, meinte ich.

Er schaute mich an, so als wollte er sagen: *„Was bist du denn für ein hirnloser Trottel?“* Aber er erwiderte höflich: „Ja, das tut verdammt weh.“

„Ich weiß", sagte ich und klopfte ihm auf die Schulter. „Ich weiß es sogar sehr gut."

Er bekam ganz große Augen. „Wirklich?"

„Oh ja. Ich habe selbst so ein Ding angehabt."

„Es ist schrecklich."

„Ich weiß. Es ist einfach grausam. Bei mir war es das linke Bein, und es hat elf Monate gedauert."

„Niemand versteht mich", meinte er voller Kummer.

„So etwas kann sich niemand vorstellen. Es lässt sich einfach nicht mit Worten vermitteln."

Zum ersten Mal sah ich eine Spur von Leben in seinen Augen. Vielleicht war es ein Zeichen der Hoffnung. Vielleicht war es auch einfach nur ein Stück Befriedigung darüber, dass er endlich einmal jemanden gefunden hatte, der nachempfinden konnte, was er durchmachte. Wir hatten einen Draht zueinander gefunden, und ich empfand es als ein ganz besonderes Privileg, in diesem Moment hier neben ihm stehen zu können.

„Ich heiße Don", sagte ich, „und heute bist du jemandem begegnet, der sich vorstellen kann, was du an Schmerzen und Entmutigung durchstehen musst."

Er starrte mich an, und plötzlich wurden seine Augen feucht. „Ich weiß nicht, ob ich das durchstehe."

„Du wirst es durchstehen. Glaub mir, irgendwann hast du es geschafft.

„Vielleicht", erwiderte er.

„Was ist denn passiert?", fragte ich, denn ganz offensichtlich war die Operation nicht freiwillig gewesen.

„Ich hatte einen Skiunfall."

In diesem Augenblick bemerkte ich den Aufdruck auf seiner Jacke. „Bist du ein Football-Spieler?", erkundigte ich mich.

„Ja."

Ich erzählte ihm kurz von meinem Unfall, und er berichtete mir noch ein paar Einzelheiten, was bei ihm passiert war. „Ich sage dir jetzt etwas", meinte ich. „Es kommt der Tag, an dem du wieder laufen wirst."

Er schaute mich mit skeptischem Blick an.

„Du wirst vielleicht nicht mehr Football spielen können, aber du wirst wieder laufen." Ich gab ihm meine Visitenkarte. „Hier ist meine Telefonnummer. Du kannst mich jederzeit anrufen, Tag und Nacht, auch an den Wochenenden."

Er nahm meine Karte und starrte sie an.

„Ich gehe jetzt mal lieber wieder hoch zu meinen Jugendlichen." Ich zeigte in die Richtung, wo ich saß. „Ich möchte, dass du mir jetzt gleich nachschaust. Eines Tages wirst du auch wieder so laufen." Und dann fügte ich mit einem Lächeln hinzu: „Und ich möchte wetten, dass du besser laufen wirst als ich."

Er streckte die Arme aus und umarmte mich. Er hielt mich lange fest. Ich spürte, wie er versuchte, sein Schluchzen zu unterdrücken. Schließlich ließ er mich los und bedankte sich mit einem kaum hörbaren Flüstern.

„Du kennst jetzt jemanden, der versteht, was du durchmachst", bekräftigte ich noch einmal. „Bitte ruf mich an."

Dieser Junge brauchte jemanden, der ihn versteht. Ich weiß nicht, ob ich ihm allzu viel anzubieten hatte, aber ich konnte mit ihm über den Schmerz reden, den ich selbst erlebt hatte. Hätte ich diese Erfahrung nicht selbst gemacht, dann hätte ich ihm nur auf die Schulter klopfen und sagen können: „Das wird schon wieder. Ich hoffe, es geht dir bald wieder besser!" Einfach nur wohlmeinende Worte, wie die meisten Leute sie von sich geben.

Als ich wieder oben ankam, war ich vor Anstrengung nass geschwitzt, aber es machte mir gar nichts aus. Ich drehte mich um. Er schaute mir immer noch nach. Ich lächelte und winkte ihm zu, und er winkte zurück. Die Niedergeschlagenheit und Verzweiflung waren aus seinem Gesicht gewichen.

In den nächsten sechs Monaten rief er mich insgesamt dreimal an. Zweimal wollte er einfach nur ein wenig plaudern, und einmal bekam ich spätabends noch einen Anruf von ihm, weil er sehr verzweifelt war. Die Telefongespräche mit ihm sind sehr kostbare Erinnerungen für mich – es waren Gespräche zwischen zwei Weggefährten.

~

Einmal wurde ich von einem Fernsehsender in Houston eingeladen, um bei einer Talkshow aufzutreten. Während ich im Warteraum saß, schaute der Produzent kurz herein und erklärte, wie die Show ablaufen würde und was für Fragen ich zu erwarten hätte.

„Ist in Ordnung", erwiderte ich. „Wer ist denn sonst noch eingeladen?"

„Sie sind der Einzige."

„Moment mal. Sie machen eine einstündige Talkshow mit mir als einzigem Gast?"

„Ganz recht."

Ich fragte mich, worüber ich die ganze Zeit reden sollte. Der Unfall war damals noch gar nicht so lange her, und ich hatte keine Ahnung, wie viel Interesse meine Geschichte erregte. Zu diesem Zeitpunkt war der *Fixateur externe* bereits entfernt, ich trug Beinschienen und lief auf Krücken. Ich hatte Bilder von mir im Krankenhaus mitgebracht, die im Laufe der Sendung gezeigt wurden. Auch den *Ilizarov* selbst hatte ich dabei.

Zu Anfang des Interviews erzählte ich meine Geschichte, und danach stellte der Moderator mir Fragen. Die Stunde verging wie im Flug. Noch während der Sendung rief eine Frau beim Sender an und insistierte: „Ich muss sofort mit Pastor Piper sprechen."

Sie unterbrachen zwar nicht die Sendung, aber sofort danach reichte mir jemand einen Zettel mit ihrer Telefonnummer. Ich rief an.

„Sie müssen unbedingt mit meinem Bruder reden", meinte sie.

„Was ist denn mit ihm?"

„Er war in einer Kneipe in eine Schlägerei verwickelt, und auf einmal holte jemand eine Schrotflinte heraus und zerschoss ihm das Bein. Er trägt so ein Ding, wie Sie es auch hatten."

„Natürlich, ich rede gerne mit ihm", meinte ich. „Wo ist er denn jetzt?"

„Er ist zu Hause im Bett."

„Geben Sie mir die Adresse, ich werde ihn besuchen."

„Oh nein, da können Sie nicht hingehen. Er ist wütend und verbittert. Und er ist sehr aggressiv. Er redet mit überhaupt niemandem, der zu ihm kommt." Sie gab mir seine Telefonnummer. „Bitte rufen Sie ihn an, aber so, wie er im Moment drauf ist, kann ich Ihnen garantieren, dass Sie sich auf wüste Beschimpfungen gefasst machen müssen. Vielleicht legt er auch einfach den Hörer auf", fügte sie hinzu, „dann versuchen Sie es einfach weiter. Bitte lassen Sie sich nicht abschrecken."

Sobald ich wieder zu Hause war, rief ich ihren Bruder an und stellte mich kurz vor. Ich hatte kaum drei Sätze geredet, da geschah genau das, was mir angekündigt worden war. Er brüllte mich an und schleuderte mir jedes nur erdenkliche Schimpfwort an den Kopf, und zwar gleich mehrfach.

Als er sich ausgeschimpft hatte, sagte ich mit ruhiger Stimme: „Ich hatte selbst schon einmal so ein Ding am Bein wie Sie – so einen *Fixateur*."

Es war für einige Sekunden still am anderen Ende der Leitung, und so fuhr ich fort: „Ich habe auch eine solche *Ilizarov*-Apparatur an meinem linken Bein gehabt. Ich weiß genau, was Sie durchmachen müssen."

„Mann, ich sage Ihnen, dieses Ding bringt mich um. Ich habe die ganze Zeit Schmerzen. Es ist einfach ..." – und wieder legte er los mit Schimpfen und Fluchen, so als hätte er mich überhaupt nicht gehört.

Als er wieder einen Moment Pause machte, warf ich ein: „Ich weiß genau, wie sich das anfühlt, wenn man so ein Ding trägt."

„Und heute haben Sie keinen mehr?"

„Nein, irgendwann war ich es dann endlich wieder los. Wenn Sie gut mitmachen, dann ist es auch bei Ihnen eines Tages vorbei." Das war nicht gerade sehr tröstlich, aber es war das Einzige, was mir in diesem Augenblick einfiel.

„Wenn ich eine Zange hätte, dann würde ich das Ding hier und jetzt abbauen."

„Wenn Sie es abnehmen, dann können Sie sich das Bein gleich mit abnehmen, weil es das Einzige ist, was Ihr Bein zusammenhält."

„Das weiß ich, aber die Schmerzen sind einfach mörderisch. Ich kann nicht schlafen ..." Dann legte er wieder los und klagte, wie schlecht es ihm ging und wie verhasst ihm die ganze Sache war.

Auf einmal kam mir ein Gedanke, und ich unterbrach ihn: „Sagen Sie mal, wie sieht Ihr Bein denn aus? Fühlt es sich um die Einstichlöcher herum heiß an? Ist die Haut an einigen Stellen verfärbt, oder tun einige Löcher mehr weh als andere?"

„Ja, so ist es. Vor allem das eine. Mann, das tut vielleicht weh!"

„Ist Ihre Schwester schon zu Hause?" Er bejahte. „Rufen Sie sie mir doch bitte mal ans Telefon", bat ich.

Er reichte ohne Widerrede den Hörer weiter, und die Schwester meldete sich: „Vielen Dank", meinte sie. „Ich bin Ihnen wirklich sehr …"

„Hören Sie", unterbrach ich. „Ich möchte Sie dringend bitten, *sofort* einen Krankenwagen zu rufen. Bringen Sie Ihren Bruder so schnell wie irgend möglich ins Krankenhaus. Er hat eine sehr ernste Entzündung im Bein. Wenn er nicht schnell in die Klinik kommt, dann wird er sein Bein verlieren."

„Meinen Sie wirklich?"

„Es sieht ganz danach aus. Er hat alle Symptome. Vermutlich hat er auch Fieber. Haben Sie mal seine Temperatur gemessen?"

„Ja, Sie haben recht. Er hat tatsächlich Fieber."

„Sehen Sie bloß zu, dass Sie ihn schnellstens ins Krankenhaus bringen, und rufen Sie mich dann wieder an."

Tags darauf meldete sie sich wieder. „Sie hatten wirklich recht! Er hat tatsächlich eine schlimme Entzündung, und er war in einem sehr ernsten Zustand. Sie meinten, ich wäre gerade noch rechtzeitig gekommen, und haben sofort alle möglichen Antibiotika angesetzt. Heute geht es ihm schon besser."

„Ich vermute, er ist immer noch auf der Intensivstation, nicht wahr?" Sie bestätigte. „Ich werde ihn besuchen", meinte ich.

Da ich Pastor war, durfte ich zu ihm. Ich redete und betete mit ihm, und irgendwann wandte der junge Mann sich Jesus Christus zu.

Wäre ich nicht in der Talkshow gewesen und hätte seine Schwester nicht zugeschaut, dann hätte er womöglich nicht nur das Bein verloren, sondern sein Leben. Doch auf diese Weise war ich ein Werkzeug in der Hand Gottes, das ihm nicht nur sein Leben rettete, sondern ihm auch den Weg zum ewigen Leben eröffnete. Ereignisse wie dieses zeigten mir, dass Gott hier, auf der Erde, noch Arbeit für mich hatte.

Ich hatte das Problem deshalb sofort erkannt, weil ich selbst einmal in derselben Situation gewesen war, als ich noch im Krankenhaus gelegen hatte. Mein Bein hatte sich infiziert, und ich bekam heftige Schmerzen. Ich dachte, es sei einfach Teil der normalen Schmerzen, die ich durchzumachen hatte, doch dann entdeckte eine Krankenschwester, dass eines der Einstichlöcher entzündet war.

Ich erinnerte mich, dass eine der Schwestern einige Tage zuvor ein wenig unvorsichtig gewesen war, und dadurch waren scheinbar Keime in die Wunde gelangt. Sie war immer ein wenig kurz angebunden und schien irgendwie menschlich weniger engagiert als die anderen. Sie tat ihre Arbeit, aber ich hatte immer den Eindruck, als wäre ihr alles lästig.

Zum Reinigen der Eintrittslöcher wurden Wattestäbchen verwendet, und das Pflegepersonal war angewiesen worden, für jede Wunde ein neues Stäbchen zu verwenden. Es war mir aufgefallen, dass die betreffende Schwester an jenem besagten Tag mehrere Löcher mit ein und demselben Stäbchen gereinigt hatte, vermutlich, weil es so schneller ging. Ich hatte mir jedoch gar nichts weiter dabei gedacht, bis es zu der Entzündung gekommen war. Ihre Bequemlichkeit hatte dazu geführt, dass ich am Ende mehr Schmerzen erdulden musste. Als die Infektion entdeckt wurde und man feststellte, dass ich Fieber hatte, wurde ich sofort auf die Intensivstation verlegt, wo ich zwei Wochen lang bleiben musste. Während ich dort lag, durfte ich keinerlei Besuch empfangen.

Eva beschwerte sich beim behandelnden Arzt und erzählte ihm, was passiert war. Danach habe ich die Schwester nie wieder gesehen. Ich weiß nicht, ob sie entlassen oder versetzt wurde.

~

Sosehr ich jede Gelegenheit genieße, vor Leuten zu sprechen, gibt es für mich doch kaum etwas Schöneres, als an meiner alten Universität, der *Louisiana State University (LSU)*, als Gastredner eingeladen zu sein. Meine Frau und ich haben uns in unserer Studienzeit dort kennengelernt, und auch zwei unserer drei Kinder haben dort studiert.

Eine der Studentenorganisationen, für die ich mehrmals auf Veranstaltungen gesprochen habe, ist die *Baptist Collegiate Ministry (BCM)*. In der Zeit, als meine Tochter Nicole in dieser Gruppe engagiert war, bekam ich eine Einladung, dort als Gastredner aufzutreten. Das Wissen darum, dass sie im Publikum saß und zuhörte, machte diesen Vortrag sogar noch erfreulicher für mich.

Eine von vielen Campus-Aktivitäten, die vom *BCM* regelmäßig ausgerichtet wurden, war ein wöchentlicher Lobpreisgottesdienst namens TNT, der immer donnerstags stattfand. Das Leitungsteam bat mich, an einem dieser Abende von meinem Unfall zu erzählen.

Die Studenten warben dafür mit dem Slogan „Ein Toter erzählt" *(„Dead Man Talking")*. Aufgrund des regen Interesses hatten sie zwei Gottesdienste angesetzt, die direkt hintereinander stattfanden. Während ich sprach, hatte ich den Eindruck, als ob die Anwesenden mir wie hypnotisiert zuhörten – einem Mann, der gestorben und wieder zum Leben zurückgekommen war. Ich sprach über den Himmel, über erhörte Gebete und Wunder. Ich erzählte ihnen davon, wie David Onerecker und ich im Auto zusammen unser Lied sangen: *What a Friend We Have in Jesus (Welch ein Freund ist unser Jesus)*.

Beide Gottesdienste endeten damit, dass die Lobpreisband eine Strophe aus diesem Lied anstimmte, das für mich eine ganz tiefe Bedeutung gewonnen hat. Niemand hatte mir vorher etwas davon gesagt. Das Ganze war sicherlich eine Führung des Heiligen Geistes, aber ich selbst habe bis heute große Mühe, dieses Lied zu hören oder gar zu singen.

Am Ende der Gottesdienste warteten jeweils viele Studenten auf mich, um mir noch Fragen zu stellen. Unter ihnen war auch ein farbiger Student namens Walter Foster. Er stellte mir selbst eine ganze Reihe von Fragen, und er stand auch dabei und hörte zu, wie ich die Fragen von anderen beantwortete. Als ich den Saal verließ, blieb Walter mir dicht auf den Fersen. Es machte mir nichts aus, aber ich merkte, wie er mich mit einer enormen Beharrlichkeit verfolgte. Er wollte einfach alles über den Himmel und über mein Erlebnis wissen.

Wenige Monate später rief Nicole mich an: „Kannst du dich noch an Walter Foster erinnern?" Ihre Stimme versagte, und sie fing an zu schluchzen.

Ich erwiderte, dass ich mich noch gut an ihn erinnern könne.

„Er ... er ist tot", brach es aus ihr heraus. „Er hatte einen Herzinfarkt! Wie ein Blitz aus heiterem Himmel – und jetzt ist er einfach tot!"

Offenbar hatte Walter von seiner schweren Herzerkrankung gewusst und war bereits damals in medizinischer Behandlung gewesen. Niemand war sich darüber im Klaren gewesen, wie es wirklich um ihn stand, und sein plötzlicher Tod schien die Studenten, die ihn kannten, enorm in Aufruhr zu versetzen.

„Ein zwanzig Jahre alter Mensch sollte doch nicht sterben", meinte ein Student, der mit ihm befreundet gewesen war.

Nachdem ich den Hörer aufgelegt hatte, erinnerte ich mich wieder an jenen Abend zurück, an dem Walter und ich uns begegnet waren. Ich fragte mich, ob er damals vielleicht schon eine Vorahnung gehabt hatte, dass er bald sterben würde. Die Tatsache, dass er mir nach meinem Gastvortrag an der *LSU* so hartnäckig folgte und mir eine Frage nach der anderen über den Himmel stellte, machte mich nachdenklich. Seine Fragen schienen mir nicht nur aus purer Neugier heraus motiviert gewesen zu sein. *Vielleicht*, so dachte ich, *hat Gott ihn ja zum damaligen Zeitpunkt bereits auf seine bevorstehende Heimreise vorbereitet.*

Sein plötzlicher Tod war für alle seine Freunde, die ihm näher standen, ein schwerer Schlag, vor allem für die, die ihn von der Studentenarbeit der *BCM* her kannten. Die Mitglieder dieser Gruppe nahmen regen Anteil aneinander, und der Verlust von Walter löste große Trauer aus. Am Abend nach seinem Tod versammelten sich einige von seinen Freunden in den Räumen der *BCM*, dem Ort, an dem Walter sich am liebsten aufgehalten hatte.

Es war ein sehr emotionsgeladenes Treffen. Einige von seinen Freunden erzählten, wie wichtig es für Walter gewesen war, den Bericht über mein Erlebnis im Himmel zu hören. Viele berichteten, dass Walter ihnen gegenüber immer wieder seine Begeisterung darüber zum Ausdruck gebracht hätte. Noch tagelang hatte er davon geredet.

„Am Tag, als Pastor Piper hier war", so berichtete einer von ihnen, „hat Walter mehrmals gesagt, eines Tages würde er selber auch im Himmel sein."

Leider konnte ich nicht am Gedenkgottesdienst in der *First Baptist Church* in Baton Rouge teilnehmen, weil ich durch wichtige Aufgaben in der Gemeinde verhindert war. Nicole ging als Vertreterin unserer Familie hin und erzählte davon, was Walter an jenem Abend erlebt hatte und was ihm so wichtig geworden war. Walters Eltern hatten sich gewünscht, dass der Pastor im Rahmen der Trauerfeier das Evangelium verkündigt und dass ein bestimmtes Lied solo gesungen wird. Es war – wie sollte es anders sein – *What a Friend We Have in Jesus,* und die Trauergemeinde erfuhr, welch eine besondere Bedeutung dieses Lied für Walter gewonnen hatte.

Nicole, die an der *LSU* Musik studierte und eine hervorragende Stimme hat, trug das Lied vor. Es rief tiefe Trauer hervor und vermittelte zugleich eine wunderbare Hoffnung. Es flossen viele Tränen, doch auf vielen Gesichtern war auch ein friedvolles Strahlen zu sehen.

Nach dem Gottesdienst sprachen viele Studenten noch eine ganze Weile davon, wie sehr Walters unerschütterlicher Glaube an den Himmel sie getröstet und ermutigt hatte.

Eine weitere erfreuliche Frucht meines Besuchs bei der *BCM* und von Walters Tod war die Einrichtung und Einweihung eines Gebetsgartens auf dem Gelände der *BCM* an der *Louisiana State University*. Dies ist in meinen Augen eine sehr angemessene Frucht, weil ich bei all meinen Vorträgen immer wieder die überragende Bedeutung des Gebets betone. Immerhin bin ich selbst heute nur deshalb noch am Leben, weil Gott Gebete erhört hat.

Wie viele andere Menschen, die mir Gott nach meinem Unfall und meiner Rückkehr aus dem Himmel über den Weg geschickt hat, so steht Walter als ein Beispiel für all jene, die mich erwarten werden, wenn Gott mich das nächste Mal heimruft.

~

Sue Fayles erster Mann starb an Krebs. Sein langes und qualvolles Siechtum hatte ihr enorm viel abverlangt. Nach seinem Tod erwartete sie, dass sie für den Rest ihres Lebens Witwe bleiben würde. Dies änderte sich jedoch durch die Beziehung zu Charles, ihrem Nachbarn, der ebenfalls verwitwet war. Durch ihre gemeinsame Trauer über den Verlust eines geliebten Menschen wurden sie zu guten Freunden. Mit der Zeit begannen sie, in einer Weise füreinander da zu sein und sich gegenseitig zu stützen, wie es vielleicht nur diejenigen nachvollziehen können, die einmal eine Verlusterfahrung durchlitten haben. Aus ihrer Freundschaft entwickelte sich allmählich eine Liebesbeziehung, sodass sie schließlich ans Heiraten dachten.

Sue hatte jedoch große Bedenken, Charles zu heiraten, weil er einen, wie sie es nannte, rauen und knallharten Arbeiterschichthintergrund hatte. Er hatte früher heftig getrunken, und sie meinte klipp und klar: „Damit kann ich einfach nicht leben."

Charles gab daraufhin nicht nur seine Trinkexzesse auf, er trank überhaupt keinen Alkohol mehr. Nun konnten sie ernsthaft anfangen, über eine Hochzeit zu reden.

Eines Tages sprachen sie über den Tod ihrer früheren Ehepartner; sie waren beide an Krebs gestorben.

„Wenn ich jemals Krebs bekommen sollte", so meinte Charles, „dann bringe ich mich um." Er hatte am eigenen Leibe erfahren, wie schwer diese Diagnose nicht nur die erkrankte Person selbst trifft, sondern auch ihre Angehörigen. „So etwas Schreckliches möchte ich niemandem zumuten."

Sie heirateten tatsächlich und führten eine glückliche Ehe. Charles blieb seinem Vorsatz treu und hat nie wieder einen Tropfen Alkohol angerührt. Sue war bereits seit Langem in der Gemeinde aktiv, und nachdem die beiden geheiratet hatten, fing auch Charles an, sich zu engagieren.

Eines Tages jedoch trat genau das ein, was Charles am meisten gefürchtet hatte: Es wurde bei ihm Krebs festgestellt. Nun musste er sich seinen tiefsten Ängsten stellen. Er fürchtete, dass Sue durch seine Krankheit nun genau dasselbe schreckliche Schicksal bevorstand, das sie schon einmal erlitten hatte.

Daneben musste er noch einer weiteren Angst ins Auge sehen: Er wurde mit seiner eigenen Sterblichkeit konfrontiert.

„Ich habe so schreckliche Angst vor dem Sterben", gestand er.

Obwohl Charles sich zur Gemeinde zählte und Christ war, gehörte er doch zu jenen Leuten, die keine wirkliche Heilsgewissheit haben. Sue versicherte ihm immer wieder, dass sie sich nichts mehr wünschte, als dass er diese Krise bald überstanden haben möge. Trotzdem war sie über seine mangelnde Gewissheit beunruhigt. Sie hatte den Bericht über mein Erlebnis im Himmel bereits mehrfach gehört und auch anderen davon erzählt.

„Könntest du vielleicht einmal mit Charles reden?", fragte sie mich eines Tages. „Er muss deine Geschichte einfach einmal aus deinem eigenen Mund hören."

Damals war ich als Pastor für die Alleinstehenden in der *First Baptist Church* in Pasadena zuständig, in der ich bis heute angestellt bin. Sue und ich hatten bereits in mehreren Projekten zusammengearbeitet.

„Bitte sprich mit ihm über sein Heil, aber erzähl ihm auch, wie das Leben nach dem Tod aussieht. Ich glaube, es würde ihm einfach enorm guttun, wenn er einmal von Mann zu Mann über diese Dinge reden könnte."

Ich kannte Charles natürlich, und meine Vermutung war, dass er aufgrund seiner Vergangenheit meinte, dass er für Gott irgendwie nicht gut genug war. Ich erklärte mich deshalb bereit, mit ihm zu reden.

Charles und ich verstanden uns spontan. Er war einfach ein feiner Mann, mit dem man schnell warm wurde. Ich besuchte ihn regelmäßig. Sue zog sich dann immer zurück und erschien erst dann wieder auf der Bildfläche, wenn ich dabei war, mich zu verabschieden.

Selbst in der Zeit, als Charles' Zustand sich allmählich verschlechterte, zeigte er nie irgendwelche Anzeichen von Wut oder Depression. Wir konnten sogar ganz offen darüber sprechen, wie schwierig es ist, selbst bei den grundlegendsten und intimsten Verrichtungen auf Hilfe von anderen angewiesen zu sein – gewaschen zu werden und Bettpfannen und Urinflaschen in Anspruch nehmen zu müssen.

Bei meinem vierten Besuch brachte Charles die Sache endlich zur Sprache: „Ich habe solche Angst. Ich möchte gerne in den Himmel, aber ich brauche einfach Gewissheit – ich möchte gerne wissen, dass ich in den Himmel komme, wenn ich sterbe."

Als er von seinem Leben berichtete, wurde deutlich, dass seine Gotteserfahrung echt war. Wie bei so vielen Leuten war auch sein Glaubensleben weitgehend eingeschlafen, bevor er Sue begegnete. Er war Jesus einfach nicht wirklich treu nachgefolgt. Ich erinnerte ihn an mehrere biblische Verheißungen, die klar besagen, dass alle Menschen, die glauben, am Ende in den Himmel gelangen.

„Ich weiß, ich weiß", erwiderte er. „Vor meiner Bekehrung wusste ich genau, dass ich nicht in den Himmel kommen würde. Ich war auf dem Weg in die Hölle. Jetzt möchte ich gerne die vollkommene Gewissheit haben, dass ich in den Himmel komme."

Meine Beschreibung dessen, was ich im Himmel erlebt hatte, war eine große Ermutigung für ihn.

„Ja", meinte er, „das wünsche ich mir."

Als ich ihn ein anderes Mal wieder besuchte, lächelte er mich breit an und meinte: „Jetzt bin ich so weit. Ich habe endlich Frieden. Ich weiß, dass ich in den Himmel gehe."

Bei meinen beiden letzten Besuchen meinte Charles immer wieder: „Komm, erzähl's mir doch bitte noch mal: Wie ist es im Himmel?"

Ich beschrieb ihm meine Erlebnisse noch einmal, obwohl es eigentlich nichts gab, was ich ihm nicht bereits erzählt hatte. Es schien so, als ob seine Gewissheit jedes Mal wuchs, wenn ich über den Himmel sprach.

Kurz vor seinem Tod brachte Sue Charles auf eine Hospizstation im *Houston Medical Center*, nur ein paar Häuser von der Klinik entfernt, in der ich so lange gelegen hatte.

An seinem Todestag meinte Charles noch zu Sue: „Jetzt wird alles gut. Jetzt sind die Schmerzen bald vorbei, und ich habe Frieden. Und eines Tages sehen wir uns dann wieder."

Als Sue mich anrief, um mir die Nachricht von seinem Tod zu überbringen, da meinte sie: „Er ist vollkommen ohne Furcht gestorben."

Der Friede und die innere Gewissheit, die Charles bei seinem Tod gehabt hatte, halfen Sue sehr dabei, den Verlust zu verarbeiten. Sie erzählte mir, wie er ihr wenige Wochen zuvor gesagt habe, dass die Dinge, die er von mir gehört hatte, und das positive Vorbild, das er in mir sah, eine entscheidende Wendung bewirkt hätten.

„Für mich steht die Sache jetzt fest", meinte er. „Ich weiß, dass ich an einen besseren Ort gehe."

Als Sue von ihren Erinnerungen an Charles erzählte, meinte sie mit einem Lachen: „Ich kann mich doch eigentlich glücklich schätzen. Ich habe zwei Männer, die auf mich warten. Wenn es dann eines Tages für mich so weit ist, dann habe ich auf beiden Seiten einen Mann zum Unterhaken – meine beiden früheren Ehemänner, die zugleich meine Brüder im Herrn sind und die mich über die goldenen Straßen geleiten."

~

Als Joe, einer unserer Zwillinge, in seine Teenagerjahre kam, beschlossen wir, uns auf die Suche nach einem gebrauchten Wagen für ihn zu machen. Er wünschte sich einen Pick-up, und so machten wir uns auf die Suche, bis wir etwas Passendes gefunden hatten – einen *Ford Ranger*, Baujahr 1993.

Der Händler hieß Gary Emmons, er hatte eine alteingesessene Autovertretung in unserer Gegend. Und als wir uns für den Wagen entschieden hatten, gingen wir in sein Büro, um den Kaufvertrag aufzusetzen. Mister Emmons machte uns einen hervorragenden Preis, und Joe kaufte den Wagen.

Aufgrund dieser positiven Erfahrung entstand eine anhaltende Beziehung zwischen Mister Emmons und unserer Familie, und wir haben in den folgenden Jahren mehrere Autos bei ihm gekauft.

Gary hatte eine vage Vorstellung davon, was mit mir passiert war, aber die näheren Einzelheiten kannte er nicht. Er war nicht nur Autohändler, sondern er fuhr auch Autorennen. Meine Geschichte schien ihn sehr zu faszinieren. Er meinte immer, bei Gelegenheit müsste ich sie ihm einmal ganz erzählen, aber irgendwie hatte er immer gerade zu viel um die Ohren, oder ich war in Eile.

Eines Tages fuhr Joe bei ihm im Geschäft vorbei, um eine Rechnung zu begleichen. Als Gary ihn sah, winkte er ihn zu sich und sagte mit einem Grinsen im Gesicht: „Du wirst es nicht für möglich halten, gestern ist mir etwas Erstaunliches passiert."

„Ja? Was denn?"

„Ich habe mir ein Auto angeschaut, das wir gerade gekauft hatten. Ich setzte mich auf den Fahrersitz und machte alle möglichen Dinge, die ich routinemäßig tue: Ich lasse den Motor laufen, um mögliche Schäden zu entdecken, und ich betätige alle möglichen Knöpfe, um zu sehen, ob auch alles funktioniert – Klimaanlage, Radio und so weiter. Bei diesem Auto bemerkte ich, dass noch eine Kassette im Schacht des Autoradios steckte, und drückte auf den Auswurfknopf."

Er hielt einen Augenblick inne und lächelte. „Ich wette, du wirst nicht erraten, was für eine Kassette das war."

„Ich habe nicht den blassesten Schimmer", erwiderte Joe.

„Es war die Geschichte deines Vaters. Wir hatten den Wagen auf einer Auktion erstanden, und so gab es keine Möglichkeit, sie dem Vorbesitzer zurückzugeben. Also habe ich mir die Kassette angehört. Mir fällt dazu nur eines ein: Es ist einfach gewaltig."

In der Rückschau ist es wirklich erstaunlich. Gary hatte meine Geschichte immer hören wollen, aber irgendwie waren wir einfach nie zusammengekommen.

„Da kaufe ich auf einer Auktion unter Tausenden von Fahrzeugen ein Auto", meinte Gary, „und dann stelle ich das Radio an und höre deinen Vater sprechen. Wie stehen wohl die Chancen, dass so etwas passiert?"

Scheinbar erzählte Gary danach tagelang jedem, der ihm über den Weg lief, von meinem Unfall.

Ich war natürlich begeistert darüber. Und dies ist nur eine von vielen Geschichten, die zeigen, wie Gott meine Erlebnisse gebraucht, um Menschen zu berühren.

Ich hatte diese Kassette im Rahmen einer Predigt in meiner Gemeinde, der *Pasadena First Baptist Church,* aufgenommen und vervielfältigen lassen. Es müssen inzwischen Tausende von Bändern im Umlauf sein. Ich weiß auch, dass viele Leute die Kassette ihrerseits wieder vervielfältigt und an ihre Freunde verteilt haben. Ich habe von Leuten gehört, die über einen Zeitraum von einigen Monaten um die zwanzig Vorträge bestellt und weiterverteilt haben.

Diese Kassette mit meinem Erfahrungsbericht ist bis heute immer noch gefragt. Viele Leute, die meine Geschichte gehört haben, kopieren die Aufnahme, um sie anderen weiterzugeben, die selbst gerade eine schwere Unfallverletzung erlitten haben oder den Verlust eines geliebten Menschen verarbeiten müssen.

Ich kann aus dieser Begebenheit nur den Schluss ziehen, dass Gott mit Gary Emmons etwas vorhat und dass er ihm deshalb die Kassette hat in die Hände fallen lassen.

~

Irgendwann einmal ging ich in der *First Baptist Church* in Pasadena den Flur entlang und wurde von einer Frau angesprochen. Dies ist keineswegs etwas Ungewöhnliches. Ganz im Gegenteil. Meine Frau meint immer scherzhaft, ich bräuchte eine halbe Stunde, um zehn Schritte zu gehen, weil ich ständig von Leuten angesprochen werde, die irgendetwas von mir wollen oder etwas mit mir zu besprechen haben. Da unsere Gemeinde über zehntausend Mitglieder hat, gibt es natürlich auch jede Menge Leute, denen ich über den Weg laufen kann.

„Ach, Pastor Piper, ich bin extra vorbeigekommen, weil ich Ihnen etwas erzählen wollte – ich dachte mir, das müssen Sie unbedingt hören."

Wenn jemand das Gespräch so anfängt, dann fügt er im Allgemeinen noch hinzu: „Es wird Sie sicherlich sehr interessieren." Meistens sind es dann Dinge, die mich im Grunde nicht sonderlich interessieren. Ich war mit einigen anderen Leuten da, und so wusste ich im ersten Augenblick nicht so recht, wie ich mich verhalten sollte. Doch wie ich sie so anschaute, sah ich in ihrem Gesichtsausdruck, wie dringend ihr die Angelegenheit zu sein schien. Ich wandte mich den anderen zu: „Würdet ihr mich bitte einen Augenblick entschuldigen?"

Natürlich waren sie einverstanden.

„Ich bin Krankenschwester, und Sie werden nicht glauben, was mir passiert ist."

„Mir sind schon so manche absonderlichen Dinge passiert, aber lassen wir's doch ruhig drauf ankommen."

„Das Ganze geschah im Krankenhaus. Eine Frau, deren Mutter schwer krank in der Klinik lag, hat eine Kassette von Ihnen gehört, und das hat ihr Leben ganz tief verändert."

Solche Berichte hatte ich schon zuhauf gehört, aber ich war immer offen für eine neue Geschichte, und so fragte ich, ob sie mir nicht noch ein paar Einzelheiten dazu sagen mochte.

„Irgendjemand gab ihr die Kassette. Ihre Mutter war keine Christin, aber die betreffende Person wollte, dass sie es trotzdem hörte. Ihre Freunde hatten versucht, mit ihr über Gott zu reden. Sie hatten ihr Bücher gegeben und alle möglichen Traktate, aber es hatte alles nichts genutzt. Sie meinte nur: ‚Ich will davon nichts wissen – weder von Gott noch von Religion oder von Bekehrung.' Obwohl sie todkrank war, war sie nicht bereit, sich mit der Ewigkeit auseinanderzusetzen."

Die Frau hielt einen Moment inne, um sich die Tränen abzuwischen, und fuhr dann fort: „Irgendjemand brachte ihr dann eine Kassette mit – Ihre Kassette, in der es um Ihr Erlebnis im Himmel geht – und fragte sie, ob sie sich das Band nicht einmal anhören wolle. Diese Person war überhaupt nicht drängend, sondern meinte eher beiläufig: ‚Vielleicht hilft dir das. Es handelt von einem Mann, der gestorben und in den Himmel gegangen ist und dann wieder lebendig wurde.'"

Die Schwester erzählte weiter, die Frau habe daraufhin gemeint, sie würde sich das Band gelegentlich einmal anhören, wenn sie es nicht vergäße. Die Bekannte ging, und die Kassette blieb unangetastet auf dem Nachttisch liegen. Schon bald verschlechterte sich ihr Zustand so rapide, dass die Ärzte der Tochter mitteilten, ihre Mutter hätte voraussichtlich noch eine oder allenfalls zwei Wochen zu leben.

Die Tochter war gläubig und wünschte sich nichts sehnlicher, als dass sich ihre Mutter das Band mit meinem Zeugnis anhörte. Die Kassette enthält zwei Botschaften. Auf der ersten

Seite erzähle ich, wie Gott mehrfach auf übernatürliche Weise eingegriffen hat, um mein Leben zu retten – die Dinge, von denen ich in diesem Buch bereits ausführlich berichtet habe. Auf der zweiten Seite geht es darum, wie es im Himmel ist. Ich habe diese Botschaft mit „Heilmittel für Herzbeschwerden" überschrieben. Diese Seite der Kassette sollte die kranke Mutter nach dem Willen ihrer Tochter unbedingt hören.

Doch diese weigerte sich hartnäckig. „Ich will mir diesen Kram nicht anhören", meinte sie.

Die Tage gingen ins Land, und der Zustand der Kranken wurde zusehends kritischer. Die Krankenschwester, die mir die Geschichte erzählte und die ebenfalls Christin war, bekam die ganze Sache mit. Nachdem sie mit der Tochter Rücksprache gehalten hatte, beschloss sie, die Kranke selbst einmal auf ihr ewiges Seelenheil anzusprechen – etwas, was sie noch nie zuvor getan hatte. Sie dachte sich, dass Menschen, die der betreffenden Person nicht so nahestehen, es manchmal leichter haben, Jesus zu bezeugen als die nächsten Angehörigen.

So ging sie nach dem Ende ihrer Schicht zur alten Dame und fragte sie: „Dürfte ich mich kurz zu Ihnen setzen? Ich möchte gerne mit Ihnen über etwas reden."

Sie nickte.

Sehr sanft und einfühlsam erzählte sie ihr von ihrem Glauben, über den Frieden Gottes und darüber, welch eine entscheidende Rolle der Glaube an Jesus in ihrem Leben spielte.

Die Kranke hörte sich alles an, ohne etwas zu sagen.

Die Schwester kam auch auf die Kassette zu sprechen. „Ich habe das Band selbst gehört, und ich glaube, es ist etwas, das Sie interessieren wird. Wollen Sie es sich nicht einmal anhören?"

Die alte Dame nickte, und so legte die Schwester ihr die Kassette ein und ging.

Am nächsten Tag erzählte die Kranke sowohl ihrer Tochter als auch der Schwester, dass sie sich das Band angehört habe. „Ich fand es wirklich sehr interessant. Ich glaube, ich möchte selbst Christ werden."

Sosehr sich die Tochter und die Krankenschwester darüber freuten, drängten sie die alte Dame dennoch nicht zu einer Entscheidung.

Zwei weitere Tage vergingen, bis sie schließlich erklärte: „Ich bin jetzt auch gläubig."

Zuerst erzählte sie es ihrer Tochter und dann der Schwester. Danach verkündete sie jedem, der zu ihr ins Zimmer kam: „Ich bin Christin geworden. Ich habe Jesus Christus als Retter angenommen, und ich gehe jetzt in den Himmel."

Nur wenige Stunden, nachdem sie ihren Glauben vor aller Öffentlichkeit bekannt hatte, verschlechterte sich ihr Zustand. Sie verlor immer wieder das Bewusstsein. Als die Schwester am nächsten Tag ihre Schicht antrat, erfuhr sie, dass die alte Dame wenige Minuten zuvor verstorben war.

Die diensthabende Schwester erzählte mir alles und meinte dann: „Sie werden es nicht glauben, wenn ich Ihnen sage, was in den letzten Minuten passiert ist, während sie im Sterben lag."

Noch bevor ich nachfragen konnte, fuhr sie fort: „Der Kassettenrekorder lag neben ihr auf dem Bett. Ihre Tochter hatte ihr das Band so eingelegt, dass sie die zweite Seite hören konnte, auf der Sie vom Himmel sprechen. Sie hat also in den letzten Stunden ihres Lebens die Seite der Kassette gehört, die vom Himmel handelt. Das Letzte, was die alte Dame auf dieser Erde gehört hat, bevor sie zu Gott in den Himmel ging, war Ihre Beschreibung des Himmels."

Sosehr ich mich auch bemühte, die Fassung zu wahren, konnte ich mir die Tränen doch nicht verkneifen.

„Ich dachte mir, es interessiert Sie."

„Oh ja“, erwiderte ich. „Danke, dass Sie mir das erzählt haben. Das ist wirklich eine sehr ermutigende Geschichte.“

Während sie den Leuten, die bei mir gewesen waren, einen Teil der Geschichte noch mal erzählte, dankte ich Gott, dass er mich wieder auf die Erde zurückgebracht hatte: „Oh Herr, ich sehe, dass es doch einen Sinn hat, dass ich noch hierbleiben musste. Danke, dass ich diese wunderbare Geschichte hören durfte.“

~

Einmal war ich als Gastprediger in der *Chocolate Bayou Baptist Church*, südlich von Houston. Man hatte mich gebeten, von meinem Unfall und meinem Erlebnis im Himmel zu erzählen.

Ich saß auf meinem Platz und war dabei, meine Gedanken zu sortieren. In Baptistengemeinden ist es üblicherweise so, dass es ein Gesangssolo oder irgendeine andere Musikeinlage gibt, bevor der Gastredner ans Pult kommt. Durch einen Nebeneingang kam eine Frau herein, um zu singen. Sie hatte nicht mitbekommen, was sich bis dahin ereignet hatte, und offenbar wusste sie auch nicht, worüber ich sprechen würde.

Sie hatte eine sehr schöne Stimme, und sie begann, ein Lied zu singen. Der Titel des Liedes lautete: *Zerbrochen und ausgegossen*. Es handelte vom Alabastergefäß, das die Frau brachte, die Jesus die Füße salbte.

Sobald sie Platz genommen hatte, ging ich ans Rednerpult und begann, von meinem Unfall zu erzählen. Ich stellte zwar keinerlei Verbindung zwischen dem Lied und meiner Geschichte her, aber ich bemerkte, dass einige Leute der Solistin vorwurfsvolle Blicke zuwarfen.

Nach dem Gottesdienst bekam ich mit, wie jemand zu ihr meinte: „Na, das war ja wirklich ein passendes Lied, dieses

‚Zerbrochen und ausgegossen', das du gesungen hast, bevor Don ans Mikrofon kam." An der Art und Weise, wie er es sagte, war deutlich zu erkennen, dass er die Auswahl für reichlich geschmacklos hielt.

„Oh!", erwiderte sie. Sie wurde ganz bleich vor Schreck, und es war deutlich zu erkennen, dass sie keine Ahnung gehabt hatte, worüber ich sprechen würde. Auch der Zusammenhang war ihr offensichtlich noch gar nicht aufgefallen.

Unsere Blicke begegneten sich, und sie begann zu weinen: „Es tut mir leid ... Es tut mir wirklich leid!"

„Es macht nichts", erwiderte ich. „Es macht wirklich nichts!" Ich machte mich gerade daran weiterzugehen.

„Zerbrochen und ausgegossen", meinte jemand. „Das beschreibt ja eigentlich genau das, was Ihnen passiert ist, nicht wahr?"

Es kamen wohl sicherlich noch gut ein halbes Dutzend Leute dazu, die ähnliche Bemerkungen machten. Einige meinten sogar, es wäre bewusst abgesprochen gewesen, dass genau dieses Lied gesungen würde.

Ich hielt inne und drehte mich um. Die Sängerin stand noch immer neben dem Klavier und weinte. Ich entschuldigte mich und ging noch einmal zu ihr.

„Das war wirklich ein wunderschönes Lied, und es beschreibt eine ganz wunderbare Erfahrung. Sie hatten keine Ahnung, worüber ich sprechen würde, aber es macht wirklich überhaupt nichts, dass Sie gerade dieses Lied gewählt haben. Ich hätte mir überhaupt nichts Besseres vorstellen können."

Sie lächelte erleichtert und fing erneut an, sich zu entschuldigen.

„Es ist wirklich in Ordnung. Machen Sie sich bitte keine Gedanken", beruhigte ich sie.

Während ich anschließend von der Bühne ging, dachte ich bei mir: *Im Grunde bin ich ja tatsächlich zerbrochen und ausgegossen.* Doch dann musste ich über den nächsten Gedanken lächeln, der mir direkt danach in den Sinn kam: *Aber ich bin ja anschließend wieder zusammengesetzt worden.*

Einen Sinn im Leben finden

Darauf baue ich und bin deshalb ganz sicher, dass ich euch allen erhalten bleibe. Dann kann ich euch helfen, dass ihr weiterkommt und die volle Freude erlebt, die der Glaube schenkt.
Philipper 1,25

Brad Turpin, der bei der Motorradstaffel der Polizei in Pasadena, einem Vorort von Houston arbeitet, hätte um ein Haar sein Bein verloren, als er auf einen Tieflader prallte. Er wäre sicherlich noch an der Unfallstelle verblutet, wenn die Rettungssanitäter ihm nicht gerade noch rechtzeitig das Bein abgebunden hätten.

Sonny Steed, der früher als Pastor für die Lehr- und Schulungsdienste unserer Gemeinde zuständig gewesen war, kannte Brad persönlich und bat mich, ob ich ihn nicht einmal besuchen könnte.

„Natürlich", antwortete ich, vor allem, als ich hörte, dass er einen *Fixateur externe* trug. Ich rief vorher an, um sicherzugehen, dass er mich überhaupt sehen wollte. Ich weiß nicht, wieso, aber kurz bevor ich mich auf den Weg machte, griff ich schnell noch ein paar Fotos, die den Unfall und mich während meiner Genesung zeigten.

Sonny fuhr mich zu ihm nach Hause. Als wir das Haus betraten, fühlte ich mich spontan in die Zeit zurückversetzt, als es bei uns ganz ähnlich ausgesehen hatte. Brad lag in einem Krankenhausbett mit dem typischen Triangel-Griff, der über ihm hing. Sein *Fixateur externe* sah ähnlich aus wie meiner seinerzeit, wenn auch nicht ganz genauso, denn immerhin waren seitdem über zehn Jahre ins Land gegangen, und die medizinische Technik hatte sich weiterentwickelt.

Es waren noch andere Besucher anwesend, und so setzte ich mich einfach mit dazu und beteiligte mich an der Unterhaltung. Brad war freundlich, aber ich sah, dass die vielen Leute ihn müde gemacht hatten.

Als der Letzte von ihnen gegangen war, meinte ich: „Sie sind jetzt ziemlich erschöpft, nicht wahr?"

Brad nickte.

„Das kann ich gut verstehen. Sie fühlen sich bestimmt fast ein wenig wie auf dem Präsentierteller. Laufend klingelt das Telefon, und jeder möchte Sie besuchen."

Er nickte wieder. „Ich freue mich über so viel Besuch, aber irgendwann brauche ich dann einfach ein wenig Ruhe."

„Bitte verzeihen Sie die Störung, aber Sonny hat mich hierher zu Ihnen gefahren, damit ich Ihnen ein wenig erzählen kann, was Sie noch so alles zu erwarten haben." Ich deutete auf den *Ilizarov* und fuhr fort: „Ich habe nämlich auch schon mal so ein Ding da getragen."

„Ach ja?"

Ich zeigte ihm die Fotos, angefangen mit dem ersten, das an dem Tag nach dem Anlegen der Apparatur aufgenommen worden war. Auf den Bildern waren sehr schön die Fortschritte zu erkennen. Er betrachtete die Bilder sehr genau und merkte, dass ich damals schlimmer dran gewesen war als er.

„Und Sie haben die Sache überstanden."

„Ja, und Sie werden es auch schaffen."

„Schön für Sie, dass alles für Sie so erfreulich ausgegangen ist, aber ich befürchte, bei mir sieht es nicht so gut aus. Die Ärzte sagen, sie könnten nicht garantieren, dass ich das Bein behalten werde. Dieser Pessimismus macht es nicht gerade leichter für mich."

„So sind Ärzte einfach“, meinte ich. Ich erinnerte mich noch allzu gut, wie mir damals zumute gewesen war. „Sie neigen dazu, eher zu vorsichtig zu sein, um Ihnen nur ja keine falschen Hoffnungen zu machen. Die Ärzte wissen, dass monatelang alles gut gehen kann, und dann gibt es irgendwann eine schwere Infektion im Bein, und es muss doch noch amputiert werden.“

„Genau das meine ich. Ich bin mir einfach nicht sicher, ob sich die ganzen Schmerzen am Ende wirklich auszahlen.“

„Das Gute ist aber, dass die Schmerzen besser werden, je weiter Ihre Heilung voranschreitet.“

Inzwischen war auch seine Frau ins Zimmer gekommen und hatte unsere Unterhaltung mit angehört.

„Ich bin einfach so entmutigt“, meinte sie, „dass man kaum Fortschritte sieht und niemand uns sagt, was wir wirklich zu erwarten haben. Wir sind drauf und dran, den Arzt zu wechseln.“

„Es kann schon sein, dass Sie einen besseren Arzt finden können“, erwiderte ich. „Aber vielleicht lassen Sie ihm noch ein wenig Zeit. Ich bin sicher, dass er alles tut, was in seinen Kräften steht.“

Dann erzählte ich ihnen, wie mir selbst einmal der Geduldsfaden gerissen war: „Als der Arzt zur Visite kam, sah ich vor lauter Wut rot. ‚Setzen Sie sich!‘, fuhr ich ihn an. Er setzte sich zu mir, und ich habe ihm gut fünf Minuten lang alles um die Ohren geschleudert, was mich ärgerte und worüber ich mich aufregte. An seinem Gesichtsausdruck konnte ich sehen, dass ich ihn wirklich persönlich getroffen hatte. Ich hatte natürlich gar nicht darüber nachgedacht, ob ich ihm damit vielleicht Unrecht tue. Ich hatte schlicht und einfach die Nase voll von diesen Schmerzen, die nie aufhörten. Ich wollte endlich einmal wieder richtig schlafen können, und ich wollte klare Antworten.

‚Es reicht mir jetzt, dass Sie mich immer hinhalten. Ich frage Sie, wie lange ich dieses Ding noch tragen muss, und Sie geben mir nur vage Antworten.‘ Doch damit war ich mit ihm noch nicht fertig. Erneut kochte meine Wut hoch, und wieder brach ein Schwall von Beschwerden aus mir hervor. Am Schluss versuchte ich, ihn festzunageln: ‚Warum geben Sie mir eigentlich nie eine klare Antwort?‘

Daraufhin schaute mein Arzt betroffen auf den Boden und meinte leise: ‚Ich tue wirklich, was ich kann, aber ich habe einfach keine klaren Antworten. Darum kann ich Ihnen auch nichts Näheres sagen.‘

‚Aber ich möchte doch nur …‘

‚Das weiß ich, aber was wir hier tun, lässt sich einfach nicht exakt vorausberechnen. Wir erfinden hier gerade das Rad neu. Das ist für uns auch ein unbekanntes Verfahren, und es fehlt uns einfach die Erfahrung, um genaue Vorhersagen machen zu können. Aber wir tun wirklich unser Möglichstes‘, erklärte er mir noch einmal in aller Seelenruhe.“

Nachdem ich Brad und seiner Frau ein wenig von meinem eigenen Unfall erzählt hatte, meinte ich noch einmal: „Bitte haben Sie ein wenig Geduld mit Ihrem Arzt. Er kann Ihnen keine Antworten geben, wenn er selbst keine hat. Und sicher verschreibt er Ihnen auch alles Mögliche, das Ihnen die Schmerzen erleichtert. Sie werden mit Therapiemaßnahmen eingedeckt, und Sie müssen lernen, damit zurechtzukommen – mit allem!“

„Ja, ich weiß“, erwiderte Brad, „aber ich bin einfach mit meiner Geduld am Ende. Ich bin Polizist, und ich habe schon einige schwierige Situationen erlebt, aber jetzt liegen einfach meine Nerven blank, und ich habe verdammt nahe am Wasser gebaut, verstehen Sie?“

„Ich verstehe Sie sogar sehr gut. Lassen Sie einfach Ihren Gefühlen freien Lauf. Es wird bestimmt nicht das letzte Mal sein.“

„Ich habe das Gefühl, dass ich mich einfach nicht mehr im Griff habe.“

„Damit haben Sie recht. Sie haben im Moment einfach nichts mehr im Griff."

Brad starrte mich daraufhin völlig entgeistert an.

„Mal ganz ehrlich – was haben Sie denn noch im Griff? Nichts!"

„Noch nicht mal den Hintern kann ich mir selbst abputzen."

„Ganz genau. Sie sind vollkommen hilflos."

„Vor dem Unfall war ich Gewichtheber und Bodybuilder", meinte er. „Sie können sich gar nicht vorstellen, wie fit ich körperlich einmal gewesen bin."

„Daran habe ich überhaupt keinen Zweifel", antwortete ich. Es war ganz offensichtlich, dass er früher einmal sehr kräftig und überaus muskulös gewesen war. „Aber im Augenblick sind Sie es nicht. Vielleicht kommt es irgendwann einmal wieder, doch die Erfahrung, dass Sie nicht einfach aufstehen und all die Dinge tun können, die Sie immer zu tun gewohnt waren, wird bleibende Spuren bei Ihnen hinterlassen. Seien Sie darauf gefasst, dass Sie sich verändern werden. Sie werden einiges an Gewicht verlieren. Ihre Muskeln werden sich zurückbilden. Sie haben Ihren Körper nicht mehr so unter Kontrolle wie früher."

Auch seine Frau war von dem Stress gezeichnet, der auf ihnen lag; sie war kurz davor, in Tränen auszubrechen. „Es geht ihm so schlecht – trotz der vielen Medikamente. Ich weiß einfach nicht mehr, was ich tun soll."

„Ich hätte da ein paar Vorschläge. Zuerst einmal sollten Sie auf die Besucher und Anrufer ein Auge haben. Sie brauchen nicht jeden an Brad heranzulassen, wann immer es der betreffenden Person gerade passt. Sagen Sie den Leuten klar und deutlich, was Sie wollen. Wenn Sie alle Leute einfach so unkontrolliert kommen lassen, dann reiben Sie sich auf, nur weil Sie immer nett sein wollen. Ihre Freunde werden Verständnis dafür haben, wenn Sie klare Grenzen setzen."

Dann wandte ich mich Brad zu: „Seien Sie darauf gefasst, dass noch einiges an Therapiemaßnahmen auf Sie zukommen wird. Sie werden alle möglichen schwierigen Übungen machen müssen. Daran führt kein Weg vorbei, wenn Sie wieder laufen lernen wollen. Haben Sie Geduld, denn es wird seine Zeit brauchen. Einer der besten Ratschläge, die ich Ihnen mitgeben kann, ist der: Versuchen Sie nicht, den Helden zu spielen." Ich hielt einen Moment lang inne und musste fast ein wenig lächeln, weil ich mich noch gut daran erinnerte, wie es bei mir gewesen war. „Lassen Sie die Leute wissen, was Ihnen wehtut und wie sie Ihnen helfen können – vor allem Ihre engsten Vertrauenspersonen. Sagen Sie Ihren Freunden und Familienangehörigen, wenn sie Ihnen etwas Gutes tun können. Lassen Sie sie für Sie beten. Sie haben ja ganz offensichtlich viele liebe Menschen um sich, die zu Besuch kommen und die Ihnen Kuchen und die leckersten Gerichte mitbringen. Gestatten Sie es diesen Menschen, Ihnen ihre Zuneigung und Unterstützung zu zeigen."

Nachdem ich einige Minuten lang geredet hatte, erhob ich mich, um zu gehen. Ich schrieb den beiden noch meine Telefonnummer auf. „Bitte rufen Sie mich an. Wenn Sie um drei Uhr morgens nicht einschlafen können oder wenn Ihnen vor Wut die Hutschnur platzt, rufen Sie einfach an. Bei mir werden Sie immer auf offene Ohren stoßen. Ich verstehe Sie sehr gut, weil ich das alles selbst durchgemacht habe. Wir sind so etwas wie eine kleine Bruderschaft, der keiner von uns freiwillig beigetreten ist."

Bevor ich ging, meinte Brad noch: „Ich kann Ihnen überhaupt nicht sagen, wie dankbar ich bin, dass Sie mich besucht haben. Allein die Tatsache, einmal mit jemandem zu reden, der diese Schmerzen nachempfinden kann, ist schon eine große Hilfe für mich. Sie sind der erste Mensch, der mir begegnet ist, der weiß, was es heißt, ununterbrochen, rund um die Uhr, Schmerzen zu haben."

„Es ergibt sich einfach immer wieder, ohne dass ich es so geplant hätte, dass ich Menschen über den Weg laufe, die dasselbe durchmachen müssen, was ich selbst auch durchgemacht habe", sagte ich. „Und ich helfe gerne, wo ich kann. Ich möchte Ihnen gerne helfen, aber Sie müssen sich die Mühe machen, bei mir anzurufen. Denken Sie daran: Versuchen Sie nur ja nicht, alles mit sich selbst abzumachen."

Brads Frau begleitete mich danach noch zum Auto und meinte: „Das war genau das, was Brad gebraucht hat. In der Öffentlichkeit versucht er immer, positiv zu sein und anderen Leuten Kraft zu geben, aber wenn er dann allein ist, bricht der ganze Frust aus ihm heraus, und er fällt richtiggehend in sich zusammen. Ich habe mir wirklich große Sorgen um ihn gemacht. In all den Jahren, die wir uns kennen, habe ich ihn noch nie so erlebt."

„Ich weiß noch, wie meine Frau damals den ganzen Tag arbeiten musste und anschließend noch zu mir kam, um die Abende mit mir zu verbringen", erwiderte ich. „Haben Sie einfach Geduld mit ihm. Er wird sich wieder fangen."

Ich erzählte ihr, wie Eva mich einmal ermutigen wollte, als es mir gerade besonders schlecht ging, und zu mir meinte: „Gib dir einfach ein wenig Zeit. Irgendwann wird es wieder bergauf gehen!"

Daraufhin hatte ich einen Wutausbruch bekommen und sie angeschrien: „Wer sagt denn, dass es überhaupt bergauf geht? Wie stehen denn die Chancen? Keiner kann das abschätzen, und garantieren kann es erst recht niemand!"

Ich halte es Eva sehr zugute, dass sie damals nicht angefangen hat, dagegen zu argumentieren. Sie hat mich einfach in den Arm genommen, und ich hatte geweint. Noch nie zuvor hatte ich in ihrer Gegenwart geweint.

Nachdem ich Brads Frau von dieser Begebenheit erzählt hatte, meinte ich weiter: „Machen Sie sich auf Veränderungen gefasst, in Ihrem eigenen Leben und auch im Leben von Brad. Er hat seine Gefühle im Augenblick nicht im Griff, aber nehmen Sie es nicht persönlich, wenn er einmal die Fassung verliert und Sie anbrüllt. Das hat mehr mit seinem Schmerz und Frust zu tun als mit Ihnen." Ich gab ihr zum Abschied die Hand und meinte: „Bitte, bitte rufen Sie mich an, wenn Sie Hilfe brauchen. Drängen Sie Brad, mich anzurufen."

Danach bin ich Brad noch insgesamt vier- oder fünfmal begegnet. Mehrere Wochen später entdeckte ich ihn in einem Restaurant, als er bereits wieder mit einem Gehwagen laufen konnte. Ich ging zu seinem Tisch und setzte mich einen Augenblick zu ihm.

„Wie geht es Ihnen denn inzwischen so?", fragte ich.

„Es geht eigentlich ganz gut. Wirklich." Er bedankte sich noch einmal, dass ich ihn an einem seiner absoluten Tiefpunkte besucht hatte. Er war noch immer nicht in Topform, aber er war eindeutig auf dem Wege der Besserung. Zum Abschied griff er meine Hand und drückte sie lange und innig, und ich wusste, dass er auf diese Weise die Dankbarkeit zum Ausdruck brachte, die er einfach nicht in Worte fassen konnte.

Ich bin Gott sehr dankbar, dass ich Brad damals, in jenem dunklen Moment, habe helfen dürfen.

~

Etwa zwei Jahre nach meinem Unfall hörte ich, dass Chad Vowell in einen schweren Autounfall verwickelt worden war. Er gehörte zu unserer Jugendgruppe in der *South Park*-Gemeinde, und seine Eltern waren mit die engagiertesten Eltern, die ich seinerzeit kannte. Chads Mutter Carol war Mitglied im Vorbereitungskomitee für unsere Jugendfreizeiten, jener Gruppe, die damals ihre Sitzungen teilweise zu mir ins Krankenhaus verlegt hatte.

Chad war ein hervorragender Fußballer, und er war ein Jahr lang Mitglied unserer Jugendgruppe gewesen, bevor er zum College ging.

Als ich seine Mutter anrief, um mich nach ihm zu erkundigen, erzählte sie mir, dass man ihn mit dem Rettungshubschrauber ins *John Sealy Hospital* nach Galveston geflogen hatte. Wie schwer der Unfall wirklich gewesen war, wurde mir klar, als sie noch hinzufügte: „Es heißt, einer seiner Unterschenkel sei zertrümmert, und man hat ihm einen *Ringfixateur* angelegt."

Als ich dies hörte, wusste ich sofort, dass ich ihn unbedingt besuchen musste. Ich hätte es natürlich auch so getan, denn er gehörte schließlich zu unserer Gemeinde, aber die Tatsache, dass er einen *Fixateur externe* trug, machte die Sache für mich umso dringlicher.

Als ich sein Zimmer betrat, traf ich Chad völlig depressiv an, und er hatte ganz offensichtlich kein Bedürfnis zu reden. Dies war nicht derselbe Chad, den ich kannte. Vor dem Unfall hatte er sich immer gefreut, wenn er mich sah. Nun nahm er zwar meine Anwesenheit zur Kenntnis, aber er zeigte keinerlei Interesse, ein Gespräch mit mir anzufangen.

„Ist alles in Ordnung? Bist du auf dem Weg der Besserung?", fragte ich und schaute auf sein Bein. „Wie ich sehe, haben sie dir einen *Ringfixateur* angelegt!"

„Ja", antwortete er, „das haben sie."

„Chad, erinnerst du dich noch daran, wie ich meinen Unfall hatte? Ich musste damals auch so ein Ding tragen."

„Wirklich?", fragte er. Zum ersten Mal sah ich eine Spur von Interesse in seinem Blick. Ich weiß nicht, ob er mich seinerzeit nicht gesehen hatte oder ob er sich einfach nicht mehr daran erinnern konnte. Ich neigte mich ein wenig näher zu ihm und meinte: „Denk daran: Ich weiß, wie es sich anfühlt, so ein Ding zu haben."

Seine Verletzung war im Unterschenkel. Weil der Unterschenkel aus zwei Knochen besteht, ist eine Heilung meist weniger problematisch. Bevor ich ging, bekam ich noch mit, dass seine Heilungsaussichten sehr günstig waren.

Ich konnte mit dem jungen Mann reden, seine Hand halten und in einer Weise mit ihm beten, die ihm deutlich machte, dass ich mich mit seiner Situation identifizierte. Es war das erste Mal, dass er überhaupt einen Eindruck davon bekam, worauf er sich bei seiner Behandlung einstellen musste. Genau wie bei mir seinerzeit hatte ihm bis dahin niemand irgendwelche näheren Informationen gegeben. Und wie ich damals, so war auch er depressiv und voller Wut.

„Es wird lange dauern, bis die Schmerzen aufhören, und es wird dir so erscheinen, als ob die Heilung überhaupt nicht vorankommt, aber es wird besser werden. Halte dir das immer wieder vor Augen. Es wird besser werden."

Und es wurde besser.

~

Eine Woche vor ihrem 39. Geburtstag verstarb Joyce Pentecost an Krebs. Sie war mit Evas Bruder Eddie verheiratet, und sie war ein Mensch, den ich sehr gemocht habe. Bei ihrem Tod hinterließ sie zwei süße rothaarige Kinder, Jordan und Colton.

Joyce war einer der lebhaftesten Menschen, die mir jemals begegnet sind, und sie war eine fantastische Sängerin. Wenn sie einen Raum betrat, dann war es so, als ob die Sonne aufgeht. Wenn sie zum Mikrofon griff, dann sang sie nicht nur einfach so, ihre Stimme hatte die Klangfülle einer Ethel Merman.

Es war eine große Ehre für mich, dass ich bei ihrer Beerdigung in der *First Baptist Church* in Forrest City (Arkansas) sprechen durfte. Der Saal war mit über sechshundert Trauergästen brechend voll. Die CDs, die Joyce zu ihren Lebzeiten aufgenommen hatte, waren ein Vermächtnis für uns alle, und an jenem sonnigen Nachmittag wurde ein Lied von ihr abgespielt, in dem sie uns selbst den Segen erteilte.

Im Anschluss an diese Aufnahme predigte ihr Vater, Pastor Charles Bradley, eine Botschaft des Heils und der Erlösung. Er erzählte der Trauergemeinde: „Vor Jahren haben Joyce und ich eine Abmachung getroffen. Wenn ich zuerst sterben sollte, dann würde sie an meiner Beerdigung singen, und wenn sie zuerst sterben sollte, dann würde ich auf ihrer Beerdigung predigen. Heute erfülle ich diese Abmachung, die ich damals mit meiner Kleinen getroffen habe."

Dieser Augenblick ist mir im Gedächtnis haften geblieben. Alles lächelte vor Rührung, Tränen flossen, aber ich hatte nicht das Gefühl, als ob einer der Anwesenden bedrückt oder verbittert gewesen wäre.

Nachdem Joyce' Vater seine Ansprache beendet hatte, war ich an der Reihe.

Ich begann mit den Worten: „Der eine oder andere mag sich heute fragen: ‚Wie konnte Joyce nur sterben?'" Dann fuhr ich fort: „Ich möchte Ihnen eine andere, bessere Frage entgegenhalten: Wie hat sie gelebt? Und die Antwort darauf lautet: Sie hat ein gutes Leben gelebt. Sie wurde geliebt. Joyce hat ein gutes Leben hinter sich."

Ich sprach davon, dass Joyce wie ein rot geschweifter Komet war, der über die Bühne des Lebens strich und es in vollen Zügen genoss, Menschen glücklich zu machen. Ich sprach davon, dass sie eine treue Freundin, eine Wunschtochter, eine liebevolle und großzügige Tante, eine gute Schwester, eine liebende

Mutter und eine wunderbare Ehefrau gewesen war. Ich machte keinen Hehl daraus, dass auch ich keine Antwort auf die Frage hatte, die viele im Raum beschäftigt haben muss: warum?

„Auch wenn es keine Antworten geben mag, gibt es dennoch Trost", meinte ich weiter. „Joyce glaubte ganz fest daran, dass sie in dem Moment ihres Todes augenblicklich bei Gott sein würde. Und sie glaubte, dass Gott im Leben bei ihr ist. Das war für sie der Grund, warum sie gelebt hat. Und wir können daraus die Kraft schöpfen, die wir brauchen, um unseren Weg hier weiterzugehen."

Ich schloss, indem ich von einer persönlichen Erfahrung berichtete. In der letzten längeren Unterredung, die ich mit Joyce geführt hatte, bevor sie aus dem Krankenhaus nach Hause kam, ging es um den Himmel. Sie konnte einfach nie genug davon bekommen, wenn ich von meinem eigenen Exkurs in den Himmel berichtete, und so machten wir miteinander noch einmal einen letzten Ausflug dorthin. Wir sprachen über die Engel, das Himmelstor und über all die geliebten Menschen, die uns dort erwarten. (Joyce' Mutter war bereits vor ihr an Krebs gestorben.) Joyce wünschte sich außerdem, dass ich ihr jedes Mal die Musik im Himmel beschrieb. Bei unserem letzten Gespräch war dies nicht anders.

„Ich glaube", so fuhr ich fort, „dass Gott gerade vor ein paar Tagen hinter den Toren des Himmels zu den Engeln gemeint hat: ‚Was wir hier brauchen, ist eine gute rothaarige Sopranistin.'

Und die Engel haben erwidert: ‚Da kommt eigentlich nur Joyce Pentecost infrage.'

Und dann hat Gott Joyce zu sich gerufen, und sie ist diesem Ruf gefolgt. Nun singt sie zusammen mit den Chören der Engel. Joyce Pentecost hat ihren Körper hier zurückgelassen und lebt nun in der Gegenwart Gottes."

Ich beschloss meine Ansprache, indem ich noch eine Frage in den Raum stellte: „Kann man einen Menschen verlieren, wenn man weiß, wo er ist?"

Als ich bei meinem Unfall ums Leben kam, war ich 38 Jahre alt. Joyce war genauso alt, als ihre Krebserkrankung festgestellt wurde. Ich habe überlebt, sie nicht. Eines aber weiß ich: Weil ich den Himmel im Vorfeld habe erleben dürfen, war es mir möglich, Joyce und ihre Angehörigen auf diesen Moment vorzubereiten. Und jetzt darf ich auch Sie darauf vorbereiten.

~

Nach meinem Unfall habe ich immer wieder überlegt, wie gut es doch gewesen wäre, wenn mich damals jemand besucht hätte, der selbst schon einmal dieselbe monatelange Tortur durchgestanden hat. Ich weiß, dass mir dies eine entscheidende Hilfe gewesen wäre, um meine quälenden Ängste zu lindern.

Wann immer ich von Leuten höre, die einen *Fixateur externe* tragen müssen, versuche ich mit ihnen in Kontakt zu kommen. Wenn ich mit Menschen rede, die einen solch langen Krankheitsweg vor sich haben, versuche ich radikal ehrlich zu sein. Es gibt keine einfache Heilung, und es ist wichtig, dass sie sich dessen bewusst sind. Weil ich es selbst erlebt habe, bin ich für diese Menschen ein glaubwürdiger Gesprächspartner, der ihnen vermitteln kann, dass es zwar lange dauern wird, aber dass irgendwann eine Besserung eintritt. Außerdem kann ich ihnen immer wieder wertvolle Hinweise geben, wie sie mit spezifischen aktuellen Problemen umgehen können.

Meine Besuche bei Chad, Brad und anderen erinnern mich auch daran, dass Gott auf dieser Erde noch Aufgaben für mich hat. Während meines langen Genesungsprozesses hat es immer wieder Zeiten gegeben, in denen ich mich nach dem Himmel zurückgesehnt habe. Wenn ich auf die letzten Jahre zurückblicke, stelle ich jedoch fest, dass die Möglichkeit, anderen mit meinen persönlichen Erfahrungen zu helfen, durchaus ein gewisser Anreiz ist, noch ein wenig auf der Erde zu bleiben.

Mittlerweile habe ich hier meinen Frieden gefunden, und ich sage mir: „Wenn Gott so weit ist, mich zu sich zu rufen, dann wird er mich auch von meinen Aufgaben freistellen." In der Zwischenzeit möchte ich anderen Menschen nach besten Kräften Trost und Ermutigung geben.

Wenn Unfallpatienten entdecken, dass sie einen *Fixateur* haben, wenn sie anfangen, die Schmerzen zu empfinden, und wenn sie feststellen, wie sehr ihre Bewegungsfreiheit eingeschränkt ist, dann geht es ihnen wie mir damals. Sie werden von einer tiefen Depression ergriffen. Sie haben keine rechte Vorstellung davon, was ihnen bevorsteht. Selbst wenn die Ärzte sich alle Mühe geben mögen, ihnen zu versichern, dass sie sich auf dem Weg zur Heilung befinden – die Schmerzen sind in der Regel so stark, dass sie daraus keinen Trost ziehen können.

Mitunter begegne ich jedoch auch Patienten, die unrealistische Erwartungen haben und meinen: „Das ist bald überstanden."

„Sie werden es sicherlich überstehen", sage ich dann immer, „aber es wird leider eine ganze Weile dauern. Das ist eine langwierige Sache, und es gibt keine Abkürzungen. Wenn Sie so schwere Verletzungen davongetragen haben, dann gibt es keine einfachen Lösungen. Sie werden sich also erst mal damit arrangieren müssen."

~

Ich könnte Ihnen noch viele andere Geschichten erzählen, aber die Erlebnisse, von denen ich bis hierher berichtete habe, sind diejenigen, die mir in besonderer Weise geholfen haben, die dunklen Momente auf meinem Heilungsweg zu überstehen. Ich habe wieder Sinn und Ziel im Leben gefunden. Zwar empfinde ich immer noch eine tiefe Sehnsucht nach dem Himmel, aber im Augenblick ist mein Platz hier. Es gibt für mich auf der Erde noch eine Aufgabe, die ich zu erfüllen habe.

Sehnsucht nach Zuhause

Sie beide erwachsen aus eurer festen Hoffnung auf das Leben, das Gott im Himmel für euch bereithält. Er hat es euch durch das Wort der Wahrheit, die Gute Nachricht, zugesichert.
Kolosser 1,5

Eine meiner Lieblingsgeschichten ist die von einem kleinen Mädchen, das einmal das Haus verließ, ohne dass seine Mutter es merkte. Als der Mutter auffiel, dass die Kleine nicht da war, fing sie sofort an, sich Sorgen zu machen, es könnte irgendetwas Schlimmes passiert sein. Sie ging auf die Veranda und rief mehrmals laut ihren Namen.

Nach kurzer Zeit kam das Mädchen vom Nachbargrundstück her angerannt. Die Mutter nahm sie in den Arm und meinte, sie hätte sich Sorgen gemacht. „Wo warst du denn?", fragte sie.

„Ich wollte Mr Smith von nebenan besuchen."

„Was wolltest du denn dort?"

„Na, seine Frau ist doch gestorben, und er ist so traurig."

„Ach, das habe ich gar nicht gewusst", erwiderte die Mutter. „Was hast du denn bei Mr Smith gemacht?"

„Ich habe ihm nur ein bisschen beim Weinen geholfen."

Genau das tue ich auch. Wenn ich anderen davon erzähle, was ich erlebt habe, dann ist das meine Art, mit ihnen zu weinen.

~

Ich habe eine Grundlage, von der aus ich Menschen helfen kann, die mit dem Tod konfrontiert sind oder einen geliebten

Menschen verloren haben: Ich habe den Tod selbst erlebt. Ich kann ihnen versichern, dass der Himmel ein Ort unvergleichlicher und unbeschreiblicher Freude ist.

Ich habe nicht den geringsten Zweifel daran, dass es den Himmel wirklich gibt. Er ist realer als alles, was ich je erlebt habe. Manchmal verdeutliche ich es den Leuten so: „Stellen Sie sich einmal das Schrecklichste vor, was Ihnen je passiert ist, und dann das Schönste und dann alles, was dazwischenliegt. Der Himmel ist realer als irgendeine von diesen Erfahrungen. Seit meiner Rückkehr auf die Erde bin ich mir vollkommen darüber im Klaren, dass wir alle auf einer Pilgerreise sind. Wohin diese Reise auch führt – in den Himmel oder in die Hölle –, die Existenz dort wird eine weitaus realere Erfahrung sein als unser gegenwärtiges Leben."

Vor meinem Unfall habe ich darüber nie wirklich nachgedacht. Der Himmel war ein theoretischer Begriff, ein Glaubensartikel, den ich bejahte, aber ich habe nur selten einen Gedanken daran verschwendet.

In den Jahren seit meinem Unfall musste ich immer wieder einmal an jenen letzten Abend denken, den Jesus vor seinem Verrat und seiner Kreuzigung mit seinen Jüngern verbracht hat. Wenige Stunden, bevor er seinen Weg in den Himmel antrat, saß er mit seinen Jüngern im Obergemach zusammen. Er drang mit seinen inständigen Bitten auf sie ein, sie sollten nicht traurig sein, sondern ihm vertrauen. Er bereitete sie darauf vor, dass er nun von ihnen gehen würde, und fügte hinzu: „Im Haus meines Vaters gibt es viele Wohnungen, und ich gehe jetzt hin, um dort einen Platz für euch bereit zu machen. Sonst hätte ich euch doch nicht mit der Ankündigung beunruhigt, dass ich weggehe. Und wenn ich gegangen bin und euch den Platz bereitet habe, dann werde ich zurückkommen und euch zu mir nehmen, damit auch ihr seid, wo ich bin" (Johannes 14,2–3).

Es ist mir nie richtig aufgefallen, dass Jesus hier ausdrücklich von einem *Platz* spricht, also einem Ort im räumlichen Sinne. Es mag sein, dass Sie das gar nicht weiter beeindruckt, aber ich kann bezeugen, dass ich diesen Ort gesehen habe. Ich bin selbst schon einmal dort gewesen, und ich weiß, dass der Himmel eine Realität ist.

Seit meinem Unfall empfinde ich die Dinge weitaus tiefer und intensiver als je zuvor. Jedem, der einmal ein Jahr ans Bett gefesselt war, wird es vermutlich ganz ähnlich ergehen, aber bei mir kommt noch etwas hinzu: Diese neunzig Minuten im Himmel haben bei mir einen solch bleibenden Eindruck hinterlassen, dass ich einfach nie wieder der Mensch sein kann, der ich früher einmal war. Ich werde hier nie wieder ganz zufrieden sein, weil ich in Erwartung dessen lebe, was noch kommen wird.

Ich hätte es nie für möglich gehalten, dass ein Mensch solche Schmerzen aushalten und eine derartige Tortur überleben kann, um anderen später davon zu erzählen. Trotz alledem kann ich sagen, dass mir die Realität des Himmels bis heute viel intensiver vor Augen steht als alles Leid, das ich zu erdulden hatte.

Weil ich so voller Tatendrang bin und mir nur selten Ruhe gönne, habe ich immer wieder den Eindruck, dass ich erklären muss, warum ich bestimmte Dinge nicht tun kann. Wenn ich komplett angezogen bin und andere meine vielen Narben nicht sehen können, dann würden es die meisten Leute auf den ersten Blick nicht für möglich halten, dass ich durch meine Verletzungen nach wie vor stark eingeschränkt bin. Doch wenn ich mich einer Anforderung gegenübersehe, die mein zusammengeflickter Körper nicht bewältigen kann (und die Leute sind oft überrascht, was für einfache Dinge dies sein können), dann bekomme ich manchmal seltsame Antworten.

„Sie sehen doch eigentlich ganz gesund aus“, höre ich häufig. „Wo ist denn das Problem?“

Wenn ich zum Beispiel mit jemandem zusammen die Treppe hinuntergehe, dann hört die betreffende Person unweigerlich, wie meine Knie lautstark knacken.

„Kommen diese schrecklichen Geräusche von Ihnen?“, fragt derjenige dann.

„Ja“, erwidere ich meistens mit einem Lächeln, „klingt ziemlich verrückt, nicht wahr?“

Die Tatsache, dass ich relativ mobil bin, täuscht. Ich kann mich sicherlich freier bewegen, als die meisten Leute es erwarten würden, aber ich selbst weiß, dass ich ziemlich eingeschränkt bin – auch wenn es äußerlich vielleicht nicht den Anschein hat. Ich gebe mir bewusst Mühe, möglichst normal zu laufen, um keine Aufmerksamkeit zu erregen. In der Zeit, als ich noch meinen *Ringfixateur* trug, habe ich genug neugierige und entsetzte Blicke auf mich gezogen.

Wenn ich versuche, normal zu sein, und mir viel abverlange, so ist dies meine persönliche Art und Weise, mit meinen Behinderungen umzugehen. Ich habe die Erfahrung gemacht, dass ich meine Schmerzen einfach vergesse, wenn ich beschäftigt bin, vor allem im Dienst für andere. Man kann also sagen, dass meine Schmerzen auf sonderbare Weise meine Medizin sind, und ich habe die Absicht, so lange weiterzumachen, bis ich nicht mehr kann.

Wir sind als Menschen so sehr Opfer unserer selbst gemachten Zeitvorstellungen, dass wir gar nicht anders können, als in zeitlichen Dimensionen zu denken – so sind wir einfach gepolt. Dies ist für mich ein wichtiger Punkt. So stelle ich mir zum Beispiel häufig die ganz menschliche Frage, was mein Begrüßungskomitee im Himmel wohl in all diesen Jahren tut, die ich noch auf der Erde zu verbringen habe.

Wenn ich darüber nachdenke, glaube ich eigentlich nicht, dass die Leute, die sich dort versammelt hatten, am Ende entsetzt ausriefen: „Oh nein, er muss wieder zurück!" Sie stehen nach wie vor am Tor und warten. Für sie gibt es keine Zeit mehr, sondern alles ist den Gesetzmäßigkeiten der Ewigkeit unterworfen, auch wenn ich gar nicht so recht in Worte fassen kann, was dies bedeutet. Ob es zehn Jahre dauert oder vielleicht sogar dreißig Jahre – im Himmel ist es nur ein kurzer Augenblick, bis ich wieder dorthin zurückkehre.

Ich habe es mir damals an jenem Januarmorgen nicht ausgesucht, in den Himmel zu gehen. Die einzige Wahl, die ich in diesem Zusammenhang jemals getroffen habe, war meine Entscheidung, mich Jesus zuzuwenden und sein Erlösungswerk für mich anzunehmen. Er erlaubte mir in meinem unwürdigen Zustand, in den Himmel zu kommen, und ich weiß, dass ich das nächste Mal nicht wieder zur Erde zurückmuss.

Ich wünsche mir den Tod nicht herbei, ich habe keine Selbstmordgedanken, aber es vergeht auch kein Tag, ohne dass ich an diesen Augenblick meiner Rückkehr dorthin denke – ja, ich sehne mich danach. Ich habe nicht die Spur eines Zweifels, dass der Tag kommen wird, und ich kann es kaum erwarten. Deshalb habe ich auch überhaupt keine Angst vor dem Tod. Warum sollte ich auch? Es gibt nichts zu fürchten. Es gibt eigentlich nur Grund zur Freude.

Wie ich bereits geschildert habe, kam ein überwältigendes Gefühl der Enttäuschung über mich, als ich das Bewusstsein wiedererlangte. Ich wollte nicht zurück, aber ich hatte keine Wahl.

Lange Zeit wollte ich nicht akzeptieren, dass Gott mich auf die Erde zurückgeschickt hatte. Doch selbst in meiner tiefsten Enttäuschung wusste ich, dass Gott mit allem, was geschah, eine Absicht verfolgt. Es hatte seinen Grund, dass ich den Himmel kurzfristig erleben durfte, und es hatte seinen Grund, dass ich wieder auf die Erde zurückkam. Irgendwann konnte ich schließlich annehmen, dass Gott mir eine besondere Erfahrung geschenkt hat, indem ich einen kleinen Einblick in die Ewigkeit bekommen durfte.

Sosehr ich mich auch nach meinem himmlischen Zuhause sehne, bin ich doch bereit zu warten, bis ich gerufen werde.

~

Insgesamt 34 Operationen und jahrelange Schmerzen haben mir bewusst gemacht, wie wahr die Worte sind, die Paulus in seinem Brief an die Korinther schreibt: „Gepriesen sei der Gott und Vater unseres Herrn Jesus Christus! Er ist ein Vater, dessen Erbarmen unerschöpflich ist, und ein Gott, der uns nie verzweifeln lässt. Auch wenn ich viel durchstehen muss, gibt er mir immer wieder Mut. Darum kann ich auch anderen Mut machen, die Ähnliches durchstehen müssen. Ich kann sie trösten und ermutigen, so wie Gott mich selbst getröstet und ermutigt hat“ (2. Korinther 1,3–4).

In meinen dunkelsten Augenblicken muss ich immer wieder an einen Vers aus einem alten Lied denken: „Wenn wir nur Jesus sehen, hat sich alles gelohnt.“

Davon bin ich zutiefst überzeugt.

Die Fragen nach dem Warum

Jetzt sehen wir nur ein unklares Bild wie in einem trüben Spiegel; dann aber schauen wir Gott von Angesicht. Jetzt kennen wir Gott nur unvollkommen; dann aber werden wir Gott völlig kennen, so wie er uns jetzt schon kennt.
1. Korinther 13,12

Ich habe schon oft Leute im Fernsehen gesehen, die von sich sagen, sie hätten Nahtoderfahrungen gemacht. Ich muss gestehen, dass solche Berichte mich immer wieder faszinieren, aber auf der anderen Seite bin ich auch skeptisch. Ich bin sogar sehr skeptisch. Wenn ich solche Leute höre, dann frage ich mich oft, ob das, was sie da erlebt haben, nicht einfach eine Fehlschaltung ihres Gehirns gewesen ist. Vielleicht gab es ja auch zu diesem Thema bestimmte Wissensfragmente in ihrem Gedächtnis, die sie nacherlebt haben. Ich zweifele nicht an ihrer Ernsthaftigkeit. Die Betreffenden wollten die Dinge wirklich glauben, von denen sie da erzählten.

Ich habe viele Talkshows gesehen und Berichte über Unfallopfer gelesen, die gestorben und dann wiederbelebt worden waren. Die Berichte über die Dinge, die sie erlebt hatten, schienen mir oft wie einstudiert und wiesen so viele Ähnlichkeiten auf, als hätte einer sich am anderen orientiert. Eine Person behauptete sogar, sie sei insgesamt 24 Stunden lang tot gewesen. Sie hat ein Buch darüber geschrieben, in dem sie erzählt, sie habe während dieser Zeit mit Adam und Eva gesprochen. Dabei lässt sich einiges von dem, was diese ersten Menschen gesagt haben sollen, noch nicht einmal mit der Bibel vereinbaren.

Trotz der Skepsis gegenüber solchen Berichten, die ich übrigens bis heute hege, habe ich doch meine eigene Todeserfahrung nie in Zweifel gezogen. Sie war für mein ganzes weiteres Leben so prägend, dass ich mit niemandem darüber sprechen konnte, bis David Gentiles mir die Dinge schließlich zwei Jahre danach entwunden hat.

Im Laufe der Jahre habe ich mich immer wieder mit Forschungsergebnissen zum Thema Nahtoderfahrungen beschäftigt und darüber nachgedacht.

So veröffentlichte die Zeitschrift *Lancet*, das Fachorgan der *British Medical Society*, im Dezember 2001 Forschungsergebnisse zu diesem Thema. Die meisten medizinischen Experten und andere Fachwissenschaftler hatten die vielen dramatischen Berichte über Nahtoderlebnisse bis dahin als Wunschdenken abgetan beziehungsweise als Fehlwahrnehmungen, die man dem Zusammenbruch der Sauerstoffversorgung im Gehirn zuschrieb.

Die Studie, die in den Niederlanden durchgeführt worden war, ist eine der ersten empirischen Untersuchungen zu diesem Thema überhaupt. Anstatt Leute zu interviewen, die von sich aus davon berichteten, sie hätten eine Nahtoderfahrung gehabt, nahmen sie Kontakt zu Hunderten von Patienten auf, die nach einem Herzstillstand klinisch tot gewesen und wiederbelebt worden waren. Sie hofften, durch diese zeitnahe Interviewmethode zuverlässigere Daten zu bekommen, als es durch eine Befragung von zum Teil lange zurückliegenden Erlebnissen möglich war.

Die Ergebnisse der Studie lauteten wie folgt: Etwa 18 Prozent der Patienten in der Studie hatten Erinnerungen an die Zeit, in der sie klinisch tot gewesen waren. Acht bis zwölf Prozent der Befragten berichteten Erfahrungen, wie man sie gemeinhin bei Nahtoderlebnissen erwartet, wie zum Beispiel die Wahrnehmung eines hellen Lichts, das Durchschreiten eines hellen

Tunnels oder sogar der Übergang in den Himmel und die Begegnung mit früher verstorbenen Angehörigen und Freunden. Die Forscher zogen den Schluss, Erfahrungen nach dem Tod oder Nahtoderlebnisse seien schlicht und einfach „etwas, was wir alle nur zu gerne glauben würden".*

Andere Wissenschaftler kamen dagegen aufgrund ihrer Untersuchung an insgesamt 344 Personen im Alter zwischen 26 und 92 Jahren, die wiederbelebt worden waren, zu einem anderen Schluss. Die meisten dieser Patienten waren innerhalb von fünf Tagen nach dem Erlebnis interviewt worden. Außerdem führten die Forscher jeweils nach zwei Jahren und dann nach acht Jahren noch eine Nachbefragung durch.

Sie stellten fest, dass die berichteten Erfahrungen mit keinem der erhobenen psychologischen, physiologischen oder medizinischen Parameter in Zusammenhang standen. Sie ließen sich also nicht mit irgendwelchen spezifischen Stoffwechselvorgängen im sterbenden Gehirn in Verbindung bringen. Die meisten Befragten hatten überdies sehr klare Erinnerungen an die Ereignisse, was nach Auffassung der Forscher gegen die Annahme spricht, dass es sich um falsche Erinnerungen handelt.

Besonders bedeutsam scheint mir die Tatsache zu sein, dass diejenigen, die solche Erinnerungen hatten, nachhaltige Persönlichkeitsveränderungen zeigten. Sie hatten jegliche Angst vor dem Tod verloren, waren barmherziger, freigiebiger und praktizierten mehr Nächstenliebe.

Die Studie lieferte freilich auch keinen Beweis für die Authentizität von Nahtoderlebnissen. Genau wie vor diesen Studien, so gibt es auch heute noch jene, die glauben, dass es sich

---

* Pim van Lommel, Ruud van Wees, Vincent Meyers, Ingrid Elffench, „Near-death Experience in Survivors of Cardiac Arrest: A Prospective Study in the Netherlands", *Lancet* 358, no. 9298 (December 15, 2001): 2039–45.

bei solchen Erfahrungen schlicht und einfach um psychologisch erklärbare Bewusstseinszustände bei Sterbenden handelt, während andere meinen, dass die Befunde ausreichten, um die Glaubwürdigkeit von Nahtoderfahrungen zu erhärten, und dass die Wissenschaft ihre Skepsis gegenüber solchen Berichten aufgeben müsse.

Ich habe nicht die Absicht, diese Kontroverse zu lösen. Ich kann nur berichten, was mir selbst widerfahren ist. Was auch immer die Wissenschaft mir weismachen will oder eben auch nicht – ich *weiß* einfach, dass ich im Himmel gewesen bin.

Ich habe viel mehr Zeit damit zugebracht, darüber nachzusinnen, *warum* mir dies passiert ist, als damit zu rekonstruieren, *was* ich da eigentlich genau erlebt habe. Ich habe nur eine klare Schlussfolgerung gezogen: Bevor ich durch meinen Autounfall ums Leben kam, stand ich Nahtoderlebnissen sehr skeptisch gegenüber. Ich konnte mir einfach nicht vorstellen, wie es möglich sein sollte, dass ein Mensch stirbt, in den Himmel geht und dann wieder zurückkommt, um darüber zu erzählen. Ich habe nie daran gezweifelt, dass es einen Himmel und ein Leben nach dem Tod gibt, aber die Geschichten von Nahtoderfahrungen waren mir einfach suspekt. Sie klangen alle gleich und erschienen mir einfach wie einstudiert. Doch dann geschah es, dass ich selbst starb, in den Himmel ging und am Ende wieder zurückkam. Ich kann natürlich nur berichten, wie ich die Dinge erlebt habe. Ich habe nie daran gedacht, dass es sich vielleicht nur um eine visionäre Erscheinung gehandelt haben könnte, eine Art Kurzschluss im Gehirn oder eine Nachwirkung von irgendwelchen Geschichten, die ich früher einmal gehört habe. Ich weiß, dass es den Himmel wirklich gibt. Ich bin selbst dort gewesen und wieder zurückgekommen.

Am Ende läuft es doch immer wieder auf eine Schlussfolgerung hinaus: Solange es niemanden gibt, der über einen längeren

Zeitraum hinweg tot gewesen ist, wieder zum Leben erweckt wird und unwiderlegbare Beweise mitbringt, dass es ein Leben nach dem Tod wirklich gibt, werden Nahtoderfahrungen einfach Glaubenssache bleiben und immer wieder zu allen möglichen Mutmaßungen Anlass geben. Aber, wie ein guter Freund von mir immer so schön sagt: „Tja, wer hätte es auch anders erwartet?"

~

Einmal habe ich meine Erlebnisse in einer großen Gemeinde erzählt, zu der auch die Eltern meiner Frau, Eldon und Rachel Pentecost, gehören. Sie waren uns eine große Hilfe und haben in der Zeit nach meinem Unfall und während meiner langwierigen Genesung enorme Opfer gebracht.

Nach dem Gottesdienst fuhren wir noch zu ihnen nach Hause. Irgendwann, als Eldon und ich alleine waren, meinte er: „Als du die Geschichte von deiner Reise in den Himmel zum ersten Mal erzählt hast, da war ich richtig verärgert."

Das war mir ganz neu.

„Am Schluss meintest du, dass du nie wieder auf die Erde zurückkehren wolltest."

Ich nickte einfach zustimmend und war gespannt, worauf er hinauswollte.

„Damals habe ich das nicht verstanden, aber inzwischen habe ich meine Meinung geändert. Wenn ich dich heute davon sprechen höre, wie schön es im Himmel ist, kann ich besser verstehen, warum du es vorgezogen hättest, von meiner Tochter und meinen Enkelkindern getrennt zu sein, zumindest für eine Weile. Schließlich weißt du ja – und das tust du doch, nicht wahr –, dass sie eines Tages zu dir stoßen werden."

„Daran gibt es für mich keinen Zweifel", erwiderte ich.

Eldons Geständnis kam für mich völlig überraschend. Er hatte natürlich vollkommen recht. Ich hatte das besondere Vorrecht, meine eigenen Kinder selbst zu taufen und die Taufe meiner Frau persönlich mitzuerleben. Ich wusste, dass ihr Glaube echt war, und im Glauben wusste ich, dass auch sie eines Tages im Himmel wohnen würden. Die Tatsache, dass ich von ihnen getrennt war, hatte ich im Himmel überhaupt nicht bemerkt. Im Himmel ist man sich nicht bewusst darüber, wer da ist und wer nicht, aber man weiß, wer kommen wird.

Auch heute kann ich ehrlichen Herzens sagen, dass ich es vorgezogen hätte, im Himmel zu bleiben. Hätte ich zum damaligen Zeitpunkt, als ich den Himmel verlassen habe, gewusst, dass mir zwei Wochen auf der Intensivstation, ein Jahr Bettlägerigkeit und insgesamt 34 Operationen bevorstehen, dann wäre ich sicherlich noch verzagter gewesen, als ich es ohnehin schon war. Ich war jedoch nicht gefragt worden, und so kehrte ich an jenen Ort zurück, wo mich die betende Stimme empfing, wo ich hörte, wie unter den Sohlen der Stiefel die Glassplitter knirschten und wie die Metallschere das zerquetschte Blech meines Wagens durchtrennte.

~

Eine Frage jedoch lässt mich einfach nicht los: Warum? Sie taucht in unterschiedlicher Form immer wieder vor mir auf.

Warum bin ich bei diesem Unfall umgekommen?

Warum wurde ausgerechnet mir das besondere Privileg zuteil, in den Himmel zu kommen?

Warum bekam ich einen Vorgeschmack des Himmels, nur um dann wieder zur Erde zurückkehren zu müssen?

Warum bin ich im Krankenhaus beinahe noch einmal gestorben?

Warum lässt Gott es zu, dass ich seit dem 18. Januar 1989 ununterbrochen Schmerzen ertragen muss?

Die Antwort darauf lautet kurz und knapp: Ich weiß es nicht. Doch dieses kleine Wörtchen „warum“ lässt uns Menschen zeitlebens nicht in Ruhe. Wir sind von Natur aus neugierig. Wir wollen den Dingen einfach auf den Grund gehen.

Selbst nach Jahren habe ich immer noch Mühe, anderen zu vermitteln, was damals geschehen ist. Ich habe mehrmals versucht, meine Geschichte selbst zu Papier zu bringen, doch es wollte mir nicht gelingen. So habe ich meinen Freund Cec Murphey gebeten, mit mir zusammen dieses Buch zu schreiben. Ohne Hilfe hätte ich es nicht geschafft.

Es ist emotional enorm belastend, diese traumatischen Ereignisse wieder neu Revue passieren zu lassen. Erst jetzt, da ein anderer mir die Aufgabe abgenommen hat, all diese Dinge zu Papier zu bringen, habe ich es endlich gewagt, das Projekt anzugehen.

Ich weiß bis heute nicht, warum solche Dinge passieren.

Ich weiß aber, dass Gott in den dunkelsten Momenten des Lebens bei mir ist.

Darüber hinaus gibt es jedoch noch andere Fragen, die für mich vermutlich sogar noch wichtiger sind als die Frage nach dem Warum.

Wollte Gott mir vielleicht einen Eindruck davon vermitteln, was Schmerz ist, damit ich mitempfinden kann, was andere Menschen durchmachen?

Wollte Gott mir womöglich zeigen, wie real der Himmel wirklich ist?

Was wollte Gott mir durch all diese Erfahrungen – meinen Tod und die lange Zeit meiner Genesung – beibringen?

Wie können andere Menschen von meinen Erfahrungen profitieren?

Auch nach all diesen Jahren habe ich auf die meisten dieser Fragen noch immer keine Antwort. Aber ich habe natürlich auch das eine oder andere gelernt, und ich bin mir sehr wohl bewusst, dass Gott sicherlich gute Gründe hat, mich noch eine Zeit lang auf dieser Welt zu lassen. Womöglich werde ich sie nie wirklich erkennen, und Gott ist nicht dazu verpflichtet, sie mir mitzuteilen.

Auch wenn ich auf viele meiner Fragen keine erschöpfenden Antworten finden konnte, habe ich doch Frieden im Herzen. Ich weiß, dass ich genau da bin, wo Gott mich haben will, und dass ich das tue, was Gott von mir möchte.

Im Johannesevangelium gibt es eine Geschichte, die mich sehr tröstet. Sie handelt von einem Blindgeborenen, der Jesus trifft und geheilt wird. Danach rennt er überall umher und lobt Gott. Seine Heilung geht den religiösen Führern jedoch gegen den Strich, weil sie bemüht waren, das Volk gegen Jesus aufzuwiegeln.

Sie verhörten den ehemals Blinden und versuchten ihn dazu zu bringen, Jesus als Sünder zu entlarven (indem er zugibt, dass die Heilung nur vorgetäuscht war).

Der Geheilte jedoch gab eine weise Antwort: „‚Ich weiß nicht, ob er ein Sünder ist‘, erwiderte der Mann. ‚Aber eins weiß ich: Ich war blind, und jetzt kann ich sehen!‘“ (Johannes 9,25). Ebenso mag es auch dem einen oder anderen gehen, der meine Geschichte nicht glauben will und die Dinge, von denen ich hier berichte, als Wunschdenken abtut, als einen Versuch, mein schweres Unfalltrauma zu verarbeiten. Ich brauche mich nicht zu rechtfertigen.

Ich weiß, was mir widerfahren ist. Wer an die Realität des Himmels glaubt, der braucht keine Beweise. *Ich weiß einfach, dass die Dinge, die ich erlebt habe, Wirklichkeit sind.*

Ich glaube, dass Gott mir einfach einen Hinweis darauf geben wollte, wie es in der Ewigkeit im Himmel einmal sein wird.

Außerdem glaube ich, wie ich ja bereits angedeutet habe, dass ich zu einem guten Teil deshalb noch am Leben bin, weil es Menschen gab, die für mich gebetet haben. Dick Onerecker betete mich ins Leben zurück – ohne dass irgendwelche Hirnschädigungen zurückblieben. David Gentiles und andere beteten, damit Gott mich nicht gleich wieder in den Himmel zurückholte.

Ich bin hier, und ich lebe, weil Gottes Pläne mit meinem Leben in dieser Welt noch nicht erfüllt sind. Wenn Gott mit meinem Leben am Ziel ist, dann werde ich an jenen Ort zurückkehren, nach dem ich mich so sehr sehne. Mein Platz im Himmel ist reserviert, und irgendwann werde ich dort sein – für immer.

Mein Gebet ist, dass wir uns dort begegnen mögen.